古墳時代に魅せられて

Tsude Hiroshi
都出 比呂志

HANDAI Livre
065
大阪大学出版会

目次

はじめに

狩人バチから埴輪へ——昆虫少年が歩んだ道

昆虫考古学

昆虫考古学者ということばがある。遺跡から出土する昆虫の遺体を研究する人ではない。子どものころ、カブトムシやセミの採集に夢中になり、やがてその対象が石器や土器に移り、それがこうじて考古学の道に迷いこんだ人をいう。幼児性の抜けないマニアックな学者の意味もある。わたしもこのタイプだったが、考古学に転向する前は文字どおりの昆虫マニアだった。

虫めづる少年

たとえば、オオキンカメムシ。四十数年前に標本にしたあの虫のことはいまも網膜に焼きついている。橙色の素地に、虹色の輝きをもつ黒の斑点がある。あのグロテスクな配色はことばではもちろん、絵の具を駆使してもとうてい表現できるものではない。

この虫をどこでどんな方法で採集したのかは思い出せないけれど、その標本は中学二年生のわたしにとって、一番の宝物であり、それは、カメムシの箱の王者だった。そのころ、標本箱は、すでに十数箱になっていた。カメムシの箱のほかに、ハチ、ゴミムシ、カミキリムシ、クワガタムシやカブトムシ、バッタやコオロギ、トンボ、チョウ、ガ、などに分類した箱があった。相談する相手もなく北隆館発行の昆虫図鑑と首っぴきで虫を同定し、和名と学名を小さなラベルに書くのがもっともうれしい瞬間だった。

標本箱といっても、ガラス張りの蓋をもつ既製品は二、三個で、あとは母からもらった洋服や菓子折の空箱にセロハンを貼ってつくった代物だ。粗末な箱だから、ゴキブリに襲われて何箱かが全滅の悲劇となったときなどは、悔しくてジダンダふんだ。

思い出のオオキンカメムシ。昆虫図鑑や昔の記憶をたどりつつ描こうとしたが、あの鮮やかな光沢と立体感は再現できない。(筆者スケッチ)

ゴミムシのトラップ

標本づくりだけではない。虫の生態を観察するのはもっと好きだった。クヌギの大木によじ登り、高い枝の分岐点から滲みだす蜜をめぐって甲虫類、チョウ、スズメバチが争う様を何十分でも眺めた。コムラサキが、こんな蜜場にやってくることもはじめて知った。捕獲には失敗したが、その美しさはいまも鮮明に覚えている。食べ残しの魚肉片を入れたガラス瓶のトラップを埋めこんで、ゴミムシが夜中の何時ごろにやってくるのか調べるには、眠たい目をこすって何度か起きねばならなかった。

狩人ジガバチ

狩人ジガバチの産卵にイタズラすることは、もっとも愉快な遊びだった。これはファーブルの『昆虫記』が教えてくれた。彼女が巣穴の入口から緑色の美しいイモムシを運び入れて、これから産卵という直前、わたしは巣穴の入口を塞ぐ。そしてイモムシの直上に別の小さな穴をあけ、イモムシがみえるようにしてやっても、彼女は自分が掘った入口しか眼中になく、執拗にそれを捜しつづける。古いパラダイムにしがみつく学者のように。やがて彼女が諦めて飛び去っていくとき、「ああ、悪いことをしたな」とわたしは反省する。

興味は虫にとどまらなかった。貯金を全部はたいて買った小さな顕微鏡で花粉や池の水のなかのゾウリムシなどを片っ端から覗いた。このころ、この中学二年生は、もうすっかり生物学者を夢みていた。しかし、ひとつの壁にぶつかった。近眼にくわえ、左眼の視力が極端に低くしかも斜視。左眼で顕微鏡を見ながら右眼と右手を使ってスケッチをすることが不可能だと知ったときは、正直いってショックだった。

考古少年に転向

中学三年の夏のことだ。昆虫採集の最中に埴輪のカケラを拾った。わたしが虫とつきあい、遊び場としていた東大阪市の北部は、じつは古墳の多いところであった。埴輪の発見を役所に知らせたことが機縁で考古学者に出会う。発掘にも参加させてもらい、考古学に急速に傾斜していった。こうして高校二年生のころは、もう考古学しか眼中になかった。そして師匠をもとめて京都大学に入学。ところが、それは一九六〇年の四月、大学のキャンパスは「安保」一色だった。ここから悩みははじまる。これほどまでに世の人が現代の日本のゆくえを心配しているときに、はたして考古学は現代社会にどんな寄与ができるというのだ。一時は考古学をやめようとした。文化人類学あるいは現代史や政治学を専攻したほうがよいのではないかと思いつめた。

考古学へのいなおり

その悩みは二年ほどつづいたが、いきついた結論はこうだ。現代の人間に近いテーマを掲げている学問でも、いざプロとしてそれにとりくもうとすれば、枝葉末節の議論があまりに多く、蛸壺のなかで、現代の人間の生きざまとはほど遠い作業をしているではないか。それならば、現代とかかわる気持ちをもちながら好きな考古学をするのも悪くはない、と。この過程で、「わたしの考古学はマニアックの類型ではございません」という服装を身につけた。

昆虫採集に凝りかけたきっかけが何かは覚えていない。しかし人一倍のめりこんだのは、わたしの家が山のなかの一軒家、姉と妹の三人兄弟というわけで、男の子どうしのわんぱく遊びの回数が少なかったことと関係があるだろう。学校から帰れば、カバンを放りだしてワラビ取りや魚釣りにひとりで出かける少年だった。

なぜ昆虫採集や生物学への夢を追いつづけなかったのだろうか。考古学との出会いがあったことは大きいと思う。しかし、考古学と出会っていなくても、昆虫がつづいたかどうかとなると、それは怪しい。左眼のハンディの問題だけでなく、当時のわたしにはよき指導者や仲間がなかったから、やがて、何かの限界にぶちあたっていたにちがいない。

マニアックの衰退現象

今の昆虫少年たちとじっくり話したことはない。しかし、遺跡の発掘現場の見学に熱心にやってくる小学生や中学生と短い会話を交わすことはある。たしかに受験だ、塾だと追いたてられるかれらがマニアックになりきれる時間は、わたしたちの少年時代とくらべて少ない。しかし、それは時間の問題ではなかろう。かれらはパソコン・ゲームには相当な時間を使っているという。わたしも中学生のころは結構ガリベン少年だったが、昆虫や埴輪にのめりこめたのは、学問の魅力や学者への尊敬を感性で感じることができた時代だったからではないか。

出でよ、カドのある人

いま、たしかに考古学の話題はテレビや新聞に氾濫し、それなりに考古学に関心をもつ若者は増えている。しかし、大学で考古学を専攻しようという学生と話すと、考古学を選んだ動機はさまざまだ。なかには、テレビなどでカッコがいいからとか、何となくロマンを感じて、というのもある。もっとまっとうな動機を語る学生もいるが、それでもマニアックな人は昔にくらべて極端に少ない。その衰退が、客観的な方法論を組み立て、より高次元の学問を生みだす前兆現象だとすれば歓迎すべきことだが、そのようにはみえない。むしろ、マニアックな人をアブノーマルとみる社会現象、あるいは学校教育においてカドのとれた生徒を「期待される人間像」として奨励する教育政策と、それは関係するのかもしれない。となれば、受験制度の改善を含めわれわれ大学に住む人間にも大いに関係する話題となってはねかえってくる。

（『エコソフィア』二、民族自然誌研究会、一九九八年一一月所収の内容を一部追加修正）

第Ⅰ部　考古学から現代を考える

第1章　「歴史は何の役に立つの？」

1　現代のうえに身をかがめてみることなしには、過去を理解することはできない

「良い歴史家とは、伝説の食人鬼に似ている。彼が人間の肉を嗅ぎ出すところ、そこにこそ、獲物があることを、彼は知っているのである」（マルク・ブロック著『歴史のための弁明』八頁、岩波書店、一九五六年）――私は、この部分を何度も反芻していた。四四年前の春のことだ。大学を受験して、合否の結果を待つ二週間のイライラをまぎらすには、受験勉強中には読みたくても読めなかった本に没入するのが最も良いと考えた。そして、この言葉に出会った。

高校生の私がこの著者を知ったのは、桑原武夫『一日一言』（岩波新書、一九五六年）を通じてだった。「六月十六日」の項に「（一九四四年の）この日ドイツ軍に銃殺されたフランスのすぐれた歴史家」と紹介がある。ついで「歴史家の第一の義務は『人生』に関心をいだくということである。……現代のうえに身をかがめてみることなしには、過去を理解することはできないのだ。……いくらかの犠牲なしには救いもなく、自らかちとろうと努力しなかったら、完全な国民的自由もま

たないのだ」というブロックの「一言」があった。『フランス農村史の基本性格』を引っさげて学界に登場し、対独レジスタンスに生命を捧げたこの歴史家が書いた『奇妙な敗北』の有名な一節である。

私は高校生のころから考古学が好きだった。当初は土器や石器の採集や古墳の発掘を理屈抜きに楽しんだ。が、やがて、「過去」を調べることにどんな意味があるのか、と悩む日々が訪れた。六〇年安保前夜の世相は「考古少年」にも「現代」を意識させたのであろう。この迷いを先生や先輩にぶつけても「そのうちにわかる」とあしらわれるだけだった。いっそのこと考古学よりも近現代史を専攻するほうが現在に深く関われるのではないかと考えたこともあった。

しかし、「パパ、歴史は何の役にたつの、さあ説明してちょうだい」という質問への解答として書かれた本書が、揺れ動く私に光明を与えてくれたのである。現在を理解することなしに過去を理解することは不可能だ、という彼の主張が本書全体に流れている。

さらに驚くべし、考古学についても彼は言及している。「過去の滅び去った信仰や感情に関しては聖所の壁に描かれ彫られた像や、墓の設備や造作が、多くの書かれたものと少なくとも同じくらい、宗教史家に語るべき多くのものをもっている。……ゲルマンの侵入に関する我々の知識は、年代記や特許状の吟味に依存するものと同じ程度に、墳墓の考古学や地名研究に依存している」と。考古資料が文書史料と対等の価値をもつことを説き、また人間の意思と無関係に残された考古資料は、恣意的な文書記録の誤謬をただすことができるとさえ主張する。

「社会史」の方法の草分けとして、今日彼に与えられている大きな評価の全体像は知るよしもなく、また本書の主張のすべてを理解できたわけでもない。しかし、歴史の研究にとって、文書記録のみならず、地理学、言語学、民俗学、美術史学などとともに考古学が重要な役割を占めることを、私は本書から学んだ。また、歴史学が決して事件史の羅列ではないこと、個人ではなく集団の分析こそ重要だとする主張にも共鳴を覚えた。近年のヨーロッパ考古学において社会史の方法を意識的にもちこむ論文が増え始めた。それはブロックのこの考えと無関係ではなかろう。なお同書の全体像や学史的位置については、訳者讃井鉄男氏の解説のほか、竹岡敬温『『アナール』学派と社会史』（同文舘出版、一九九〇年）を参照されたい。

（『歴史評論』五〇五、校倉書房、一九九二年五月所収）

2　実証科学の基礎を築く――小林行雄と日本考古学

三角縁神獣鏡と卑弥呼

小林行雄の名を聞いて三角縁神獣鏡を思い出す人は多いであろう。この鏡を、卑弥呼が魏王朝からもらった百枚の鏡と推定し、同じ鋳型で作った同笵鏡が各地の古い古墳から出土すること、分布の中心は畿内地方にあることから、邪馬台国畿内説を唱え、大和政権の成立過程を考古学的に実証した研究は有名だ。この説の当否をめぐって今後も論争は続くであろう。しかし重要な点は、この学説の提起によって、考古学が墓掘りや古物の学ではなく、歴史研究にとって無視できない重要な存在であることを広く世に認識させたことである。

大正デモクラシーのなかで

第二次世界大戦以前には、日本古代について科学的な真実を語ろうとすれは、古代天皇制支配を正統化した「記紀」神話と真正面からぶつからざるをえなかった。多くの考古学者は対決を避けて歴史に言及せず、考古学を遺物や遺跡の即物的研究におしこめていた。

この暗い谷間で、戦後考古学の基礎を用意していた三人の学者がいた。縄文土器編年を体系化した山内清男、唯物史観を考古学に導入した和島誠一、そして小林行雄である。小林は、この時期、森本六爾とともに弥生土器の編年を確立しただけでなく、考古資料から歴史を組み立てる上に基礎となる型式学（土器などのタイプを分類して新古の識別をする方法）を深めた。それは今も国際的水準を越えている。

この三人の偉大な学者が、ともに若い時期を大正デモクラシーの、つかのまの自由な雰囲気の中で過ごしたことは偶然ではない。山内は第一回メーデー参加を誇りにした。科学が飛躍を遂げる時、その背中を支えたのは民主的環境であった。

小林は一九六一年に著した『古墳時代の研究』（青木書店）の中で、「記紀」神話の粉飾を批判して考古学が古代史に発言するために、「真の考古学は実証の上に立つ推理の学であるべき」と主張した。この時期でも、その言葉が新鮮であったほど、日本考古学は戦前の古物学の伝統の尾を引きずっていた。

教育に情熱をかたむける

小林は、一人よがりの狭い専門研究者ではなかった。今もロングセラーとして増刷を続けている小林行雄著『日本考古学概説』（東京創元社、一九五一年刊）は、高度な内容を平易・明快に説いて、考古学の裾野を広げた名著である。

退官一年前に教授になったが、ポストに恵まれなかったせいもあろう、虐げられた人への理解は深く、京都大学の教職員組合には退職まで参加し、原水禁運動などのカンパにも快く応じた。

弁の立つ人ではなかったが、講義ではたえず最新の研究成果を説き、結論にいたる自らの思考過程の曲折まで語るその内容は、いつも迫力に満ちていた。土器実測など実技の指導は、他の大学では若い教員が担当することが多い。これを退職の年まで続けたのは、教育への情熱を語って十分だ。

我々学生を大学近くの喫茶店にしばしば引っぱり出しては、勉強の相談にのる人であった。私には講義室での指導よりも、この個人指導のほうが、コーヒーの香りとともに、鮮明に焼きついている。

（『赤旗』日本共産党、一九八九年二月二六日所収、を一部修正）

3 考古学と文献史学の提携

ある夏の夕刻のことである。古墳の発掘で私たちが合宿中の長岡京市の山麓の神社に大阪大学国史の黒田俊雄先生がこられた。大きな寿司桶と何ダースかのビールを携えて。発掘現場にもその直前に訪れ、古墳の上で中世の瓦と柱穴が検出されたことに興味をもち、西山派の僧の庵のことなどに思いを馳せておられた。その日は夜おそくまで酒に花が咲き、先生はいかにも楽しそうだった。阪大国史研究室でこんなふうに発掘ができるようになってうれしいね、と。

その頃、阪大では考古学専攻はまだ独立しておらず、前年の一九七九年に私は黒田教授を主任とする日本思想史講座の助教授として迎えていただいたばかりだった。「文献史学が考古学と提携せずに新しい進展はない」――黒田先生がその頃しばしば口にされた言葉だ。行政改革のあおりをくって考古学講座を新設するのはなかなか困難だった。それなら、考古学の専門家を国史専攻で抱えて将来の好機に備えよう、というのが当時の国史の先生がたのお考えのようだった。

しかし、非実験講座予算の専攻で考古学をするのは並大抵ではなかった。その夏の発掘は信じられないようなケチケチ予算で実施した。研究室予算からは二〇万円のみ、これで器材、消耗品、宿舎光熱費その他を賄い、参加学生から一人一日五〇〇円を徴収し、自炊で朝飯は一〇〇円、夕飯は四〇〇円以内の予算と決め、これを一カ月続けた。教育委員会などが実施する緊急調査方式なら一〇〇〇万円ぐらいかかる仕事だというのに。私は学生諸君に言った。ひもじいだろうけどアルコールは切れないように工面してくるからがんばって欲しい、と。黒田先生の陣中見舞いも、こんな風景を見るに見兼ねてのものであったろう。

黒田先生は高い理想を掲げるだけでなく、行動の人であった。考古学の器材も設備も何もない状態から少しでも早く脱却できるように、関係方面への折衝で随分骨折りいただいた。一九八八年にようやく考古学講座が独立したが、それは国史研究室はもとより史学科の諸先生の支援のおかげだった。とりわけ黒田先生はこのために心身をすりへらして東奔西走された。その頃すでに体調を崩しておられた。考古学講座独立のためのひたむきな奮闘が先生の命を縮める原因のひとつになったと私は思っている。

文献史学と考古学の提携という黒田先生の構想は、歴史学の革新をめざす先生の全体構想の一部だったと思う。狭い意味の政治史や社会経済史から脱却した歴史学であるべし、そのためには社会史の問題提起のうち聴くべきところは聴くべし、新しい史料学を確立すべし、などという七〇～八〇年代の先生の主張の延長線に、考古学との共同という課題も位置づけられていた。考古資料は文献史料とは史料の性質も分析の方法も違うが歴史の解明には同じ資格をもつ、とくに近年の中世史や近世史研究における考古学の成果の利用なしには総合的な歴史学はありえないとの確信が先生の考えの基礎にあった。

お酒の好きな私は先生と夜おそくまで語る機会に恵まれたが、話題のほとんどは学問の方法に関することだった。深夜の阪急電車の吊り革に身をゆだねてまで談義は果てしなく続いた。赤い顔をした酔っ払いが、アナールが、マルク・ブロックが、マルクスが、石母田正が、と夢中で話す姿が乗客にどんなに迷惑か、ということは忘れながら。

その頃すでに、日本史の卒論や修論の水準低下、あるいは学術雑誌における研究目的を見失った矮小な論文の増加が顕著になっていた。その現象が歴史学の社会的発言力の低下、そして歴史学界における理論や方法の軽視の風潮と密接に関連することを先生は悲しんでおられた。私も同感ですと言った時、「これからは、君たちの世代にたのみますよ」と、真顔でじーっと向き直られたのが忘れられない。

私は、中世史のことは分からないけれど、中世社会を分析する先生の視点からいろんなことを教わった。とくに宗教や思想を歴史学としてどのように扱うかという課題は、自分の専門が考古学だという口実で逃げてきたが、先生との会話のなかで随分多くのアイデアをいただいた。

先生と私とは一六歳も離れている。しかし年代の開きや世代の断絶を感じることが少なかった。それは基本的には先生の心の年齢の若さのせいだと思うが、それだけではなかろう。先生は国民のための歴史学運動を含めた戦後の科学運動について、苦い経験の総括を含めて未来の見方が積極的で楽観的だった。それは先生より七～八歳若く「挫折」体験者の多い世代が「さめている」のと異なるところだ。一方、私は六〇年安保世代に属し、行動すれば少しでも社会が動くことを一八歳で体験した。幻想かもしれないが、未来をそう簡単には悲観できない。先生の理想に共鳴することが多かったのは、そんなことが関係しているのかもしれない。

しかし、ときにせっかちに見えるその行動力では、先生は私よりいつも先を走っておられた。「まず事実を多くの人々に知らせましょう。そうすれば必ず変化がおきるはずです」一九七〇年代の初め、京都南部地方を活動の舞台とする「乙訓の文化遺産を守る会」の役員会で、地元の遺跡が破壊の危機にさらされ、どうするべきか皆が首をひねっているとき、副会長であった先生の発言だ。私などは、ビラや新聞報道で訴えたあと何をするのかを考えてから、という発想なのだが、先生は違った。そして結果は成功だった。遺跡破壊の危険を知った人々のなかから予想もしなかった援護射撃が現われたのだ。

先生の発想の奇抜さは、権門体制論をはじめ、学問を通じてよく知られているが、日常生活でも同じだった。しかし、その結論をだすまで思案の長いことがあった。研究室の相談ごとで、今週ぐらいはそろそろ決断して欲しいと思うことでも、難しい問題のときは、この道もある、あの方法もあると長考される。さまざまな状況の組合せをとことん突き詰めておられたのであろう。そんなある日のことである。結論は右折か左折かの二つしかないと観念して悩んでいたのに、長考後の先生の案は私などが考えもしなかった直進という第三の道であった。またそれは説得力のある案だった。

研ぎすまされた思索と、それに根ざす真摯な行動をなによりも大切にされた先生にとって、体調を崩されたことは、いかにも無念であったろうと思う。私にとって辛かったのは、先生の講座の助教授でありながら、私が考古学であるために、学生指導その他で学問的に先生をカバーすることが十分にできなかったことだ。その頃研究室の助手で中世史の大石雅章氏が脇田修氏の指導のもと、若手とともに先生を親身に支えて奔走されることに甘えるだけだった。歴史学の革新をめざし考古学との提携を夢見た先生の一〇年前の決断が、先生の身体にとって最も大切なときに裏目にでてしまった。私は、その時はそう考えてあせった。しかし、今はこう思う。黒田俊雄が夢見た新しい歴史学をめざして走り続けることが、その心に応えることなのだと。

（『黒田俊雄著作集　月報七』法藏館、一九九五年一〇月の内容を一部修正）

コラム

ショウガとミョウガ

私の研究室では毎年、夏休みを利用して遺跡の発掘をする。

ここ十年ほどは京都南部の丘陵地で古墳を掘ってきた。一ケ月以上になることが多いから教員と学生とあわせて二十名ほどが、お寺などを借りて合宿する。

炊飯器をはじめて使う女子学生がお米を洗わないでスイッチを入れることもたまにはあって、こちらが慌てる。あるとき、男子学生にショウガを買って来てほしいと頼んだら、もって帰ったのはミョウガだった。早速、彼をミョウガ君と呼ぶことにした。合宿をしながら学ぶのは考古学だけではないのだ。

弥生時代の農業の話をするとき、近頃はイネの穂を講義室に持参して回覧する。米粒は知っていても、穂先の毛に触れたことのない都会人が急に増えたからである。

畑作が話題となるときは、話の前にムギ、アワ、キビ、ダイズ、アズキ、ソラマメ、それに、キュウリ、ダイコン、ゴボウの種などをビニール袋に少量ずつ詰めたものを持ち込んで、どれだけ当てられるかクイズをする。キビがどんな恰好をしているか知らないで、古代の畑作を議論しても所詮、抽象論になるからだ。半分正解なら満足としなければならない。

コンピュータの発達の結果、複雑な情報を迅速に処理できるようになった。ボイジャーの宇宙探索のように実物に触れなくとも遠くにある物体を識別することが可能な時代になった。しかし人類の初心忘れるべからず。日本人の主食たるイネに触れたい。その栽培に賭けた農民の汗と血の歴史は語り伝えたい。

最近は考古博物館の展示も変わりつつある。壺に種籾を入れ、ウリの種やクルミを高杯に盛って弥生人の生活を肌で感じさせようという工夫もある。私たちの研究室を八年前に巣立ったミョウガ君も、文化庁でこのような新しい展示の準備に、いま奮闘中である。

（『神戸新聞』一九八九年一〇月三日夕刊より転載）

第2章　日本考古学の国際化

　日本の考古学にも国際化の波がおしよせている、と考える人は多いだろう。しかし、考古学の国際化とは何かと改めて問われると、その具体的内容は人それぞれの体験に応じて異なるにちがいない。

　国際化の進展ぶりを端的に示すものは、国際交流の活発化である。外国との往来が活発になり、それとともに、外国との情報交換量も増大した。これには、様々な契機がある。国際学会への出席、海外調査の実施、海外の遺跡や博物館の訪問、留学や在外研究、外国の大学や都市との友好提携、海外考古資料の展覧会開催など、国を異にする考古学者どうしの往来は、年々増加の一方である。

　国際交流はたしかに活発化した。しかし、考古学の学問内容の交流や相互理解は、交流頻度に比例して進んだのか。また、日本考古学の国際性は向上したのか、ということになると、話は別である。

　たとえば、交流の体験を通じて次のように対照的な二つの反応が起こることがある。ある考古学者は留学先の国の考古学のすばらしい側面に触れ、心酔するあまり、日本に帰ってからも日本考古学の研究体制や議論になじめないまま、日本考古学とは遊離する。これとは逆に、彼の地の考古学の方法論が理解できず、さらには、発掘技術や遺物研究の水準の低さに落胆し、その国の遺跡や博物館を見る以外に学ぶものはなかったと総括し、彼の地の考古学とは遊離するケースもある。

これら二つのケースは両極端を誇張して表現したものだが、程度の多少はあれ、交流に伴って起こりうる現象である。また、これは、日本人だけでなく、日本にきた外国考古学者にも認められる現象だ。その背景には、それぞれの国における考古学成立過程の違いにもとづく研究体制や研究方法論の違い、また調査技術の差異がある。したがって、考古学の国際交流を、人と人との出会いに始まる友好的対面の段階から、相互理解の段階にまで深めるには、学問の方法論や研究者の思考様式の相互理解が必要になろう。

では、そのような相互理解を深めるうえに、どのような議論が必要なのであろうか。ここでは、まず手はじめに、私の乏しい体験をもとに、欧米それも、英語圏の考古学者との交流を通じて感じたことを書いてみたい。欧米の考古学界には、日本考古学がどのように紹介され、どのように認識されているか、また、それが我々の認識とどう違うのか、相互理解のために、これから何をなすべきか、などを考えてみよう。

1　海外の評価にも耳を傾けよう

（1）日本考古学の紹介と評価

日本考古学に関する英文の文献としては、日本考古学の成果の概説書と個別論文がある。日本人による研究の紹介や翻訳、そして欧米の学者自身の論文である。個別の時代を扱った書物や土器や埴輪の図録などを除き、通史的概説書や成果の概括的論文集となると、案外少なく、日本の近隣地域をも含めたものを合わせても、十冊程度である（Aikens & Higuchi 1982, Barnes 1993, Chard 1974, Kidder 1966・1972, Munro 1911, Pearson 1969・1992b, Pearson et al., 1986, Tsuboi 1987, Imamura 1996）。

これらとは別に、Asian Perspectives や Acta Asiatica などの雑誌や紀要が日本考古学の特集を組んで、そのときどきの成果の紹介をしているし、G・バーンズらによる東アジア考古学の文献レビュー（Barnes 1990）は、文献情報の便宜を供している。

上記の文献のうち、概説書の中には、序論などで、日本考古学の特質に触れたものもある。また、日本考古学の略史や学問の特質について論じた論文もある。とくに、欧米のそれと比較して日本の考古学がどのような特異性をもつかを論じた文献は、欧米の考古学者が日本考古学をどのように認識しているかを知る上で参考になる。

欧米の学者が指摘する日本考古学の特質のうち主要なものを列挙すると、次の六点になるであろう。①遺物中心主義、②遺物型式学と編年体系の精緻さ、③文化系統論の重視、④理論の欠如、⑤緊急調査体制の肥大化、⑥自然科学利用の発達。

これら六点について、手短かに紹介してみよう。

(1) 遺物研究中心主義という認識　一九九三年に発行された著書『中国・朝鮮・日本』のなかで、G・バーンズは日本考古学の特質を一言で「遺物中心主義」と評した（Barnes 1993: p. 39）。この認識は、彼女に限らず欧米学者の多くがもっている。たとえば、日本で生まれ、カナダで活躍する考古学者井川＝スミス史子は、「日本考古学の伝統」（Ikawa-Smith 1982）のなかで、遺物研究重視の伝統や型式学の発達を二つの理由から説明する。第一に、江戸時代以来の古物愛好の伝統に根ざし、第二に、戦前の国家主義のもとにおける皇国史観の規制のもとで遺物研究に逃避したことにあるとする。広く読まれているB・トリッガーの『考古学思想の歴史』も、この考えを踏襲した（Trigger 1989: pp. 177–180　川西宏幸訳『初期文明の比較考古学』同成社、一九九九年）。井川のこの解釈のうち、第一は、和島誠一（一九三七）が、第二は、近藤義郎（一九六四）が、かつて主張したことでもある。

(2) 遺物型式学と編年体系の精緻さという認識　遺物型式学と編年体系が極めて精緻だという認識は、日本の考古学に言及する欧米の学者のほとんどが強くもっている。しかし、この点が日本考古学の優れた側面であるという意味で言及されるよりも、しばしば、「型式学や編年体系の精緻さにもかかわらず、……がない」という枕言葉として使用されるほうが多い。どうして型式学や編年にそれほどのエネルギーを費やす必要があるのか、という批判が込められていると私は理解する。たとえば、R・ピアソンの「自然科学的技術に相当な投資をしているにもかかわらず、日本考古学は、全体として、型式学的、編年学的アプローチに傾倒したままであり、……」（Pearson 1986: p. 4）という扱いなどに、それは表れている。

(3) 文化系統論重視という認識　先の著書で、バーンズは中国、朝鮮、日本の三地域に通じていえる東アジア考古学の特徴を次のように要約する。「東アジアの考古学者は、地域に焦点をあてた研究を重視する。彼ら自身の社会の歴史的根源および彼らの個々の文化の系統上のつながりを探索することは、最優先の課題と扱われる…この意味で、過去の人間行動それ自体を興味あるものとして探求するということは、研究の枠組みの中に入ってこないのである。ただ、一九八〇年代になって、外の文化との比較研究が日本の考古学者によって、真剣に取り上げられるようになってはきた。これら日本の考古学者の研究において重要なことは、日本列島の過去の住民の行動を明らかにすることなのであり、これらの住民の行為を総合して、全世界の人類の行動の理解にまで高めるということではないのである」（Barnes 1993: p. 40）。

ここにおいてバーンズは二つのことを主張している。その一つは、考古学にとって重要なことは、「全世界の人類の行動の理解」のための研究だということ、もう一つは、にもかかわらず東アジアの考古学者には、そのようなユニバーサルな観点が欠落しており、地域主義に陥っているということである。そして、日本の研究者はようやく、日本の研究だけでなく、他地域との比較研究を進めるようになったが、その研究は、まだ、日本の過去の社会の解明のために限定されている、という批判なのである。

⑷　理論がない、という認識　ピアソンは「日本の考古学者が、近代技術を自由に駆使しうるにもかかわらず、認識論的な明確さと解釈を伴う分析とを欠くことは、しばしば西欧の考古学者を欲求不満にさせる」と書く（Pearson 1986: p. 4）。彼は、日本の考古学が理論を重視しない原因を、事実の積み重ねを重視する伝統と、考古学が歴史学（北米の一九六〇年代の「歴史」は社会変化の法則を追求する日本の歴史学とは異なる）と考えられていることとに求める（Pearson 1992a: p. 120）。

バーンズの先の批判は、「理論の欠如」の内容を具体的に示唆する。「全世界の人類の行動の理解」を考古学の重要な仕事と考えるその主張は、一九六〇年代以後の北米のニューアーキオロジー（後にプロセス考古学とよばれる）の流れをくむと考えてよい。中国考古学者の集落研究が立地論や分布論をやってもセトルメントパターン（建造物・集落形態・共同体間の関係などをパターンに分類してとらえ、その文化を理解する方法）を問題にしないことを彼女が嘆く（Barnes 1993: p. 103）のも、この観点によるものであろう。

したがって、理論がない、という批判は、この場合、ニューアーキオロジーあるいはプロセス考古学の理論が適用されていない、もっと広く理解しても、北米流の人類学の方法がない、という程度のものと受けとめてよいのではないかと、私は考える。

この点で、井川の認識は少し異なる。「彼ら（日本の考古学者）は、優れた型式学を基礎とする編年に特に喜びを感じ、また史的唯物論に基礎をおく独自の発展段階論に満足している」（Ikawa-Smith 1982: p. 305）。井川は別の場所で「日本の考古学は社会理論を発達させていない」と言いながら（ibid: p. 309）、北米のプロセス考古学の理論ではないが、マルクス主義の発展段階論が、日本の考古学の一部に採用されたことを紹介している点で、北米のほかの考古学者とは異なる。

井川はまた、一九四五年以前の研究に触れ、小林行雄の弥生土器型式学の方法論や和島誠一の唯物史観に基づく古代史研究が、個別遺物研究の狭い観点から脱却したものであることを評価した。また、日本の考古学者のいう「歴史学としての考古学」という場合の「歴史学」とは、北米で一九六〇年代に否定的に扱われた意味の「歴史」ではなく、「人類発展過程と社会変化の法則の発見」を目的とする点で、北米の考古学者のいうprocess研究を含む、と解説する（ibid: p. 302）点は重要である。この認識は、他の北米の考古学者にはほとんど欠けているが、それは、歴史学と遊離し、人類学のなかで発達してきた北米考古学の伝統と関係あろう（佐々木　一九九三、一〇六頁）。また、この点こそが、北米の考古学者にとって日本考古学の積極面の理解が困難となる原因ではないか、と思われる。

しかし、最近のP・ブリードの次の発言は注目される。「日本考古学の洗練と成熟とは、彼らが他の地域の研究者や理論家とほとんど接触をもつことなく、彼ら自身の特色ある理念と方法とを発達させた長い歴史過程の産物であり、……日本の考古学者が、外国の考古学者に『考古学上のカルチュア・ショック』を与えることにより、（外国の考古学者が—引用者）自分たちの先史学研究の偏見や偏向をよりよく認識するのに役立つかもしれない」（Bleed 1989: p. 21）。ここには、日本の考古学は北米などとは異なる伝統に根ざすが、異端を異端として、つきはなし、良いところは評価しようという姿勢がある。

⑸　発掘調査費用は世界最高、という認識

イギリスの考古学者F・ラーツは、分かりやすくウイットに富んだ考古学入門書を書いた。その著書『考古学への誘い』は改訂第二版が出るほどの好評を博し、世界の多くの人に読まれているが、その中で「日本はどうして、考古学への支出が人口あたり世界最高なのだろうか。（イギリスでは）考古学の学問研究は危機に瀕している。一九八二年にイギリスの四つの大学の考古学科が閉鎖を勧告され、うち二つが閉鎖した。我々はあらゆる分野、あらゆる次元で一般市民の支持を必要としている」と書いて、イギリスと日本との対照的状況を強調した（Rahtz 1985: p. 165）。

日本における考古学への支出といっても、その九〇％以上が開発の原因者負担の緊急調査費用であり、考古学の基礎的研究への支出でないことは我々日本人考古学者がよく知るところであるが、少なくとも緊急調査費用が人口比で世界最高という評価は、近年では欧米でも定着しつつある。これは、日本の文化財保護行政のことを紹介した田中琢の英語論文（Tanaka 1984）などが情報源となっているらしい。

しかし、この高額の支出が、必ずしも考古学の学問的発展につながるものではないという認識

をもつイギリス人考古学者もいる。A・サビルは、日本の緊急調査体制を視察した見聞をイギリスの刊行物に書き、そのなかで、日本の考古学者が、莫大な調査費用と埋蔵文化財調査センターなどの組織的調査体制を確立しつつあることを評価しつつも、日本の考古学者は膨大な発掘件数と資料の洪水に翻弄されて、資料分析を基礎とする本来の研究ができないでいる現状を指摘し、「日本の考古学者は、彼らの成功そのものの犠牲者である」と論評した（Saville 1986: p. 43）。

また、日本の考古学の状況を様々な角度から研究したC・フォーセットは、過去を研究する日本の考古学者の問題意識の希薄さについて、さらに厳しく評価する。「理論的枠組みを立派にすることよりも、事実の発見」に重点のある日本考古学は、データの洪水の中で資料の分析と解釈ができず、「マスコミや政府機関や旅行業者などによる、過去のイデオロギー的解釈（とその利用—引用者）」にきちんと立ち向かえないでいる、と（Fawcett 1990: p. 374）。

(6) 自然科学利用が発達しているという認識　バーンズは、東アジア全体で、考古学の自然科学的研究の分野が発展していることに触れ、一九八六年における日本古文化財学会の設立やそれに先行する文部省科学研究費による共同研究の成果を紹介し、「東アジア全域において、これらの研究は、おそらく将来増加するであろう。なぜなら、技術に関する調査研究は理論的研究よりも研究資金を引き出しやすい魅力をもっているからである」（Barnes 1993: p. 41）と述べている。日本考古学における歴史学的解釈の成果が欧米の考古学者に理解しにくい（Pearson 1992a: p. 121 参照）のにたいし、自然科学的分析の成果は、普遍性をもつからであろう。貝の捕獲季節の分析やプラントオパール法（植物の細胞に含まれるケイ酸体は種により形や大きさが異なるので農耕の起源を明らかにする研究に利用する方法）など、日本人の優れた研究はいち早く欧米の概説書でも紹介されている（Renfrew & Bahn 1991）。この傾向は、今後も強まるであろう。

2　日本考古学における、正と負の遺産

（1）難解な日本考古学

英文しか読めない考古学者、あるいは、日本に来たことも日本の考古学者とじかに議論したこともない人が、以上のような紹介を読んだとき、日本考古学をどのようなものと感じるだろうか。おそらく、それぞれの国や地域の考古学の伝統や方法論の違いがあるから、その受けとめ方は千差万別であろう。

遺物の資料集成や型式学そして編年体系の精緻さを重視するドイツの多くの考古学者は日本に共感をもつかもしれない。また、破壊される遺跡調査の独自予算や人員をもてない発展途上国の考古学者は、緊急調査体制の「先進性」を羨望の対象とするかもしれない。

しかし、その一方、世界一般に流布している現代日本人論と結びつけて極端に漫画化し、次のような日本考古学像を描く人がいても不思議ではない。「エコノミックアニマル日本人は、考古学の分野でも、財力をもとに、膨大な発掘資料を蓄積したが、それを次元の高い学問とすること

はできないでいる。またその研究は、民族のルーツ解明という狭い枠に閉じこもり、グローバルさを欠く。ただ、発掘技術と自然科学利用は、日本人特有の器用さと豊かな財力を背景に発達している。協同研究をするなら、その分野ぐらいだろう。国連の平和維持軍のように、文化財の保存科学の技術と発掘への財政援助を日本人の仕事にさせればよい」。

このような評価を公然と聞いたら、多くの日本の考古学者は、心外だろう。しかし、考古学の分野で進んでいる国際交流の個々のケースを注意深く観察するならば、思い当ることはないだろうか。また、外国の考古学者が、口では直接に言わないけれど、日本の考古学者のおかれている状況の難解さに当惑していることに気付くにちがいない。

(2)　人類史的考古学と個別文化の考古学

日本の考古学に理論がないと批判されたとき、日本の考古学者はどう反応するだろうか。そうだと考える人も、そうではないと反発する人もいるだろう。しかし、その批判がプロセス考古学の立場からなされたものである場合、そうだ、プロセス考古学の方法論をもっと日本に適用すべきだという賛成意見もあれば、プロセス考古学のみが理論ではない、日本考古学には、それとは別の理論的思考の伝統がある、K・マルクスやG・チャイルドの社会理論を適用した研究があるぞ、との反論も当然ありうるだろう。

プロセス考古学の功罪をめぐって欧米で激しい論争があるが、これは、考古学の目的と方法をめぐる議論だと私は思う。プロセス考古学は、考古学を人類学の一環と考え、人類の行動の法則的把握をめざす。プロセス考古学が、人類の自然適応、農耕の起源、社会の階層化、そして国家形成などに関し、法則的な把握を試みた点を私は積極的に評価する。この点に社会発展の法則的理解を重視したマルクス主義と共通するものをみる。しかし、一方では、生物社会と人間社会との同列視、社会変容における技術伝播や集団移動の役割の過少評価、あるいは文化の地域的個性の軽視などの点でプロセス考古学は批判を受けた（Hodder 1991 など）。

日本考古学が地域主義に偏している、文化系統論の研究を重視しすぎている、という批判は、先述のように、主としてプロセス考古学の立場からのものである。人類の行動一般の法則的理解が考古学の最重要の目的と考えるこの学派においては、地域ごとの文化の伝統や文化系統相互の研究は、二次的で従属的な課題と位置付けられる。これに対して、日本の考古学は、歴史学の一環として発達した。歴史学においては、人間社会の歴史の法則的理解とともに、一回しか起こらなかった事件や一度しか登場しなかった集団の文化の研究をも重視する。したがって文化の系統や伝播の関係を正確に把握することが重視され、また考古学においては編年論や特定の遺物の型式学や分布論の厳密さが要求された。日本の考古学が型式学と編年論とを重視してきた背景には、金関恕（一九八五）や穴沢咊光（一九九四）らが説くように梅原末治などに代表される伝統的学風はもちろんあるが、日本考古学が歴史学の研究として発達したことが、そもそもの根本にあると思う。

プロセス考古学にせよ、マルクス主義の考古学にせよ、それが目的としたものは、地球にヒトが登場して以来、現代にいたる人類社会の法則的理解である。このような考古学は、地球主義の考古学あるいは、人類史的考古学と呼ぶことができる。一方、考古学は、地球の上でたとえわずかの間でも生きた人間集団やその集団が残した個別の文化の存在を証明し、個別の文化や集団の関係をも解明しようとする。人類史一般ではなく個別集団や民族を扱うという意味で、それは個別文化の考古学あるいは個性解明の考古学といってもよいかもしれない。

私は、いま、人類史的考古学も、個別文化の考古学もともに重要な二つの柱と考えている。プロセス考古学を乗り越えようとするポストプロセス考古学派のなかには、プロセス考古学の科学主義への反発から人類史の法則的理解の努力そのものまで否定する主張があり、不可知論に陥る可能性をもつこの傾向に私は賛成できない。

(3)　日本考古学の積極面

日本考古学が、遺物主義であるとか、土器型式学や編年論に偏っているとの批判にたいして、日本の考古学はもっと重要な成果を生み出しているはずだ、と考える人は多いにちがいない。

一例として集落研究や地域研究を取り上げて検討してみよう。日本では、緊急調査体制のもとにおいても、調査関係者の努力によって、集落や墓地の全貌が判明し、さらに一つの地域内の細密な分布調査を基礎に集落をとりまく地域圏の構造を解明する研究は、縄文時代から古墳時代にいたるまで、かなりの成果をあげている。

たとえば、神奈川県大塚遺跡は弥生時代の中心的環濠集落だが、その全面調査を基礎に同時存在の住居が抽出され、また、その住人の共同墓地（歳勝土《さいかちど》遺跡）とこの環濠集落を対比する研究から人口の推計や階層性、また周辺の衛星的な小村との関係などが有機的に解明された。これなどは、世界的にも水準の高い調査事例と私は考えている。また、古墳時代においても、首長層の居館から一般民衆の集落にいたる居住地の階層性と、巨大な前方後円墳から民衆の土壙墓群にいたる墓地の階層性とを対比する研究は、視点においても、実証作業においても、かなり水準の高いものと考えてよい。

ところが、このような集落や墓地に対する日本人の研究も、プロセス考古学のセトルメントパターンの分析概念や方法を使用しない限り、その有効性は理解されにくいらしく、欧米で正当な評価を受けるに至っていない。これとは対照的に、集落遺跡の分布調査の精度においても、また発掘による集落の構造把握においても、日本の水準よりもはるかに精度の粗い研究を基礎に、しかも「ティーセン・ポリゴンの空間分析法（住居の密度・墓の密度・地形など多くの情報を総合的に見ることのできるＧＩＳを使って勢力圏などを求める方法）」を誤用した集落論や地域論が欧米の一部でまかり通っている。

地域間の相互交流に関していえば、弥生土器の地域性や土器の移動現象の分析を基礎に地域間の相互交流を論じた私の研究、あるいは、古墳に副葬された三角縁神獣鏡の同笵関係をもとに首長層どうしの政治関係を解明した小林行雄の研究などは、地域間の相互交流を考古学的に解明する実証手続きとしては、水準の高いものと考えている。また、古墳時代の首長墓の系譜を地域に即して把握し、これをもとに古墳時代の政治関係を解明する研究は、日本の古墳研究が生み出したユニークな方法だと思う。

これらの研究に共通することは、二十数年単位の精度の土器編年体系を基礎に議論していることである。型式学と編年論の緻密さを基礎としてはじめて可能となった仕事といえるだろう。これと比較すると、プロセス考古学の議論には論証手続きの精度の粗いものが多い。たとえばC・レンフルーは、ブリテン島の新石器時代の長方形墳丘墓一基あたりの領域を論じたが、この議論は、それぞれの墓がほぼ同時に築造・使用されたということが前提となる。しかし、イギリスの考古学者が細分しえているこの時期の、この地方の土器型式一単位の時間幅は、現状で数百年以上であり、実際の資料操作でもC14年代法で数百年程度の幅で同時期といえる程度の精度でしかない。墳丘や墓室の型式差をも考慮すれば、すべての墓が同時に存在したものかどうか、再検討が必要と私は考えている。さらに領域設定にはティーセン・ポリゴン法を使用するが、比較的均質な地形条件のウェセックスの広い平原部ならまだしも、アラン島や、オークニー諸島など複雑な地形条件の小さな島にも機械的に適用する（Renfrew 1973）など、説得性に乏しい。

3　共通語をさぐる努力の必要性

上に紹介したレンフルーの研究は、その論証手続きの粗さにもかかわらず、ヨーロッパにおける新石器時代の首長制社会の存在を証明するモデルとしてよく引用される。焼畑の初期農耕の技術の低さのために居住地は移動し不安定だが、先祖の霊の拠点としての永続的な墓が集団の領域のシンボルとして重要な機能をはたした、という仮説として。

これにたいして、日本における集落や地域圏の研究あるいは、古墳の首長系譜の研究は、ヨーロッパと似た問題意識と緻密な論証作業をもつにもかかわらず、欧米ではほとんど知られていない。それは、なぜだろうか。それが、欧文で発表されなかったという単純な理由だけからではないであろう。小林行雄の『古墳時代の研究』(一九六一)をそのまま英訳したとしても、その有効性を理解できる考古学者は欧米では多くないだろう。欧米の考古学者の議論の文脈の中において提示されない限り、その主張は理解されにくい(佐々木　一九九三)。小林の研究が、批判も含めて日本で正当に評価されるのは、古墳の発生と鏡の分与という考古学的事象を分析しつつ、日本における古代国家の形成過程を実証する方法を提示した点にある。しかし、これは、先述の私の分類にいう「個別文化の考古学」の枠内における作業である。

先に一例として紹介したレンフルーの作業は、ウェセックス州の個別研究を基にした事例研究であり、それだけを孤立させれば、これまたイングランドの個別文化の考古学であるが、彼は、さらにヨーロッパや地中海という広がりの中で比較して、新石器時代の首長制社会の普遍的な原理を見いだそうとする。普遍性探求のこの視点が、ヨーロッパのみならず、日本の考古学者にも刺激を与え、かつプロセス考古学の欠点にも気づかせるのであろう。そこに積極的意義を私は認める。したがって、日本の集落や古墳の首長系譜の研究成果を欧米に紹介しようとするなら、その成果が内包する普遍的側面が何であるかを、日本の考古学者が知らねばならないし、そのためには、欧米における同種の問題に関する議論を知る必要がある。また、具体的議論においては、いきなり欧米と日本とを比較するのではなく、まず東アジアレベルの総括を媒介とせねばなるまい。

プロセス考古学の普遍的法則追求の問題点について、私の考えは先に短く述べた。普遍性探求の人類史的考古学と、個別文化の考古学の両輪をともに重視しようという立場からすれば、日本考古学でいま不十分なのは、前者の側面だと思う。日本考古学の先学は、欧米の考古学の優れた成果を大いに学び、その結果、日本の研究水準は一定のレベルに達した。最近では、欧米で提唱された理論や方法を日本に適用して満足するだけでなく、欧米の学者の論文を読み、先の私のレンフルー批判と同じような感想を抱いて、日本での議論はもっと緻密だとする日本人考古学者もいる。しかし、それが対外的な論争として提起されることはほとんどなかった。これは、島国性のためだろうか。

いま、重要なことは、日本における個別文化の考古学の成果をもとに、人類史的考古学の議論に積極的に参加する活動ではないか。そのような外への働きかけをしない限り、日本考古学の成果は正当に理解されないだろう。また、この対話を通じて、日本の個別文化の考古学の内容を普遍的法則追求にまで広げる議論が活発化することはまちがいない。また、そのような国際的視野にたった個別文化の考古学なら、そのまま欧文に訳すだけで欧米の学者も理解し、反応してくるはずである。

参考文献

穴沢咊光　一九九四「梅原末治論―モノを究めようとした考古学者の偉大と悲惨」（角田文衞編『考古学京都学派』雄山閣出版）。

金関恕　一九八五「世界の考古学と日本の考古学」（『岩波講座日本考古学』一、岩波書店）。

小林行雄　一九六一『古墳時代の研究』青木書店。

近藤義郎　一九六四「日本考古学の反省と課題」（近藤義郎編『日本考古学の諸問題―考古学研究会十周年記念論文集』考古学研究会）。

佐々木憲一　一九九三「日本考古学の国際化のために―英文要旨作成の理論と実際―」（『考古学雑誌』七八巻三号）。

和島誠一　一九三七「日本考古学の発達と科学的精神」（『唯物論研究』六〇号、六二号）。

Junko Habu 2004　Ancient Jomon of Japan, Cambridge University Press

Keiji Imamura 1996　Prehistoric Japan, New Perspective on Insular East Asia, University of Hawai'i Press

Koji Mizoguchi　An Archaeological History of Japan 30,000 B.C. to A.D. 700, University of Pennsylvania Press, Philadelphia

（『展望考古学』考古学研究会、一九九五年六月の内容を追加・修正）

4　独創性がほしい日本の考古学

理論物理学は聞きなれた言葉だが、理論考古学となると日本ではとっつきにくい。イギリスではすでに一五年の歴史をもつヨーロッパ理論考古学会が一九八六年八月、南海岸のサウザンプトン大学で開催された。この学会で私も発表したが、討論を通じて日本の考古学を考えなおす刺激をえた。

三つの会場で二〇ほどの分科会があったので全部の発表を聞けたわけではない。人間行動論、食物論、意味論などの大きなテーマ、民族誌と考古学、歴史考古学、古典考古学というオーソドックスな話題、また文化財保護論もあった。いずれも方法論を重視した議論だった。

今回、出席者はヨーロッパ規模に拡大され、七百人にふくれあがった。考古学の性格づけをめぐって欧米で激しい論争がある。その立役者をパネリストに迎えた大討論会の企画が、出席者の増加に一役買った。その論争とは考古学の目的を問うものだ。

日本もそうだが、ヨーロッパでは考古学は歴史研究の一環あるいは独立した学問と考えられてきた。ところがアメリカで一九六〇年代に始まったニューアーケオロジー運動は考古学を人類学の一部とみなす。また考古学を客観主義的な科学と考え、システム理論を採用して社会を把握する。コンピューターも積極的に導入した。社会変化の一般法則を追求する点ではマルクシズムと似るが、人間の活動による歴史的変化を重視しない点で異なる。

ニューメキシコ大学のビンフォード氏などが火つけ役となったこの運動はやがてイギリスにも影響を与え、他のヨーロッパ諸国や日本には遅れて波及した。民族誌を用いた狩猟採集民など無文字社会との比較から過去の社会を復元する方法は日本でも集落遺跡の研究に影響を与えた。また、自然環境への人類の適応の変化を重視する視点は自然科学利用の発達を促進した。

こうして考古学の新時代を開いたこの運動も今では新考古学ではなくなった。社会変化のプロセスを重視する方法の特徴をとって最近ではプロセス考古学と呼ばれる。

さらに八〇年代に入ると、プロセス考古学にたいする批判運動がイギリスを舞台に始まった。プロセス学派のいう一般法則重視の視点では地域ごとの個性や歴史性が無視される。また少数民族や女性など社会的少数派の歴史的役割が正当に評価できない。それを克服するには歴史研究としての考古学の性格を再認識せよ、研究者は過去と現在の自らの状況との関係を意識して研究すべしと唱える。女性史の活発化あるいは地域から日本史を見なおす動きなど、日本の歴史学の近年の動向とも一脈通じる主張だ。ケンブリッジ大学のホッダー氏らに代表されるこの学派は「関係性」を重視する特徴からコンテキスト考古学と呼ばれる。

この大討論会では、ビンフォード氏およびこれと近い立場のケンブリッジの大御所レンフルー氏、プロセス学派批判で急先鋒のイギリスの若手、バレット氏とティリー氏がパネリストだった。

論文や本ですでに読んだ、先述した争いだ。が、論争の往復の魅力がそこにはあった。レンフルー氏は二学派の弱点の克服と折衷をさかんに説いていた。あとでビンフォード氏に討論会の印象を個人的に聞く機会があった。「これまでと同じ批判のむしかえしで退屈だったよ」という発言から、元祖いぜん牢固なりと感じた。

同時に、この種の議論を抽象的なものに終わらせてはならないと強く思った。開発に伴う緊急発掘の泥にまみれた経験をもつイギリスの親友が、この種の論争が発掘現場から遊離したファッションにすぎないと冷ややかだったことを思い出す。また、ドイツ考古学の大勢はこの種の議論を無視して旧来の考古学を維持している。

この議論を実のあるものにする方法の一例として農耕起源問題をテーマにして論争を設定してはどうか。一般法則重視のプロセス学派が十分に解明していない農耕発生の地域差や技術伝播の問題にたいして、批判者は地域差や伝播の重要性を明らかにしなければならないだろう。そのことによってはじめて発掘現場レベルの論争まで深めることができよう。

では、この種の論争は日本考古学とどう関係するだろうか。私は大討論会のテーマを引きついだ分科会での発表を依頼された。それは先の二学派の論争を含め世界各地の考古学が理論をいかに扱っているかを議論するものだった。

日本の考古学に関して私は、マルクス主義に近いチャイルドの理論がかつて強かったこと、プロセス学派は集落分析や環境復元の方法に影響をあたえたが、その一般法則重視の思考を実践する学者は多くないこと、したがってこれを批判するコンテキスト学派も日本の考古学に大きな影響を与えていないこと、日本では緊急調査にもとづく膨大な資料、土器編年の精緻《せいち》な体系などすぐれた成果にもかかわらず、オリジナルな体系的理論を生む点では遅れていることなどを紹介した。

かつて長期滞在したケンブリッジ大学でも似た趣旨の話をする機会を与えられた。日本の良好な発掘成果に驚いたある学者は「これだけの成果がありながら世界に訴えるような総合分析がどうして提示されてこなかったのか」と詰問した。日本考古学への痛烈な批判と受けとめた。

たしかに日本はすばらしい資料を蓄積した。また発掘技術や資料分析の方法でも世界に誇りうる新しい開拓をした。しかし、それを総合し、提示する仕事では、いま一歩だ。

一九世紀以来、日本の考古学は欧米から学ぶことに必死だった。これからは発想のオリジナリティを磨き、先輩へのお返しをする番ではないかと思う。

（『朝日新聞』一九九三年二月八日夕刊掲載の内容を補足・修正）

コラム

「ローストビーフ」——鯨の刺し身!? 冷凍後に変身

英国のケンブリッジ大学に九二年、考古学研究のため訪問研究員として在籍した時のこと。十カ月の単身生活とあって、大学近くに台所付きの家を借りた。この時に思わぬ味を口にし、そしてマスターしたのがローストビーフだ。

サーロインだっただろうか。街の精肉店で五百グラムくらいの牛肉を仕入れた。レシピを参考に、塩、コショウしてニンニクをすり込む。ガスオーブンでゆっくり焼いてできあがった。一人には多い。そこで、三切れにカットし、一切れは食べ、残りの二切れは冷凍保存した。

びっくりしたのは、何日か後に食べた二切れ目。一切れ目はそれなりにうまかったのだが、二切れ目は鯨の尾の身そっくりの味がしたのだ。ケンブリッジでの生活が三、四カ月目を迎え、刺し身に懐かしさを覚えていた。醤油《しょうゆ》やワサビを出し、付けて食べる。「鯨の刺し身を食べられるとは」と大感激。

食べ終わって、「それにしても」と考えると、解凍方法に思い至った。冷凍保存した後、冷蔵庫で徐々に解凍したが、解け具合がほどよいところで食べたようなのだ。レアに焼き、肉に脂身が適度にあったことも幸いしたらしい。

牛肉製の鯨の尾の身は以後、海外在住者へのお勧めメニュー。帰国した私は刺し身に不自由しなくなり、本来のローストビーフの味を楽しんでいる。

(『日本経済新聞』一九九八年五月二日夕刊を転載)

第3章　現代に生きる考古学

考古学は、近年ますます一般市民との結びつきを強めている。考古学に対する市民の関心は二つに大別できる。一つは、自分の祖先の過去や民族の起源に対する興味であり、もう一つは、人類社会の歴史一般に対する関心である。後者は、地球主義的な興味であり、現代の環境問題に典型的な人類の未来への不安感に根ざす場合もある。

これら二つの関心は、同時に考古学者の研究動向とも関係する。個別文化の系統や歴史の探求を重視してきた従来の考古学は、前者の関心に応えてきた。プロセス考古学は、この種の研究を批判し、人類史の普遍法則を追求し、後者の好奇心に応えようとした。欧米では、プロセス考古学の功罪をめぐる論争が活発だが、この論争を止揚し、総合的視点の確立が重要である。人類の歴史的発展の研究も、個別の文化伝統の研究もともに重要である。これら二つの研究を車の両輪のように推進することにより、考古学は、現代社会に自らのメッセージを送り、一般市民の期待に応えることが可能になるだろう。

1　考古学への関心の多様性

第3章1～4の内容は、一九九四年四月に行われた考古学研究会四十周年記念講演会で話したものである。

（1）ブームではなく時代現象

私は、今から三七年前にこの考古学研究会に入会いたしました。中学校の三年生でしたが、毎月送られてくる講談社の『少年クラブ』とともに、年四回送られてくる『私たちの考古学』を愛読する少年でした。私は考古学研究会によって育てていただいたと思っています。四〇周年のこの記念講演会の演壇に立ちながら、その頃のことを思い出すと、感慨深いものがあります。

本日は現代に生きる考古学というテーマを掲げております。考古学ブーム、古代史ブームという言葉があります。毎日のように新聞やテレビに考古学の新しい発見が大きく報道され、時には一面トップの新聞記事も出てくる。こういう現象が顕著になってきたのは一九七二年の高松塚古墳の壁画の発見の頃からでしょうか。同じ現象がもうすでに二〇年以上続いているわけでありま す。すると、それはブームなどというような一過性のものではなく、もうレッキとした一つの時代現象と考えたほうがいいのではないかと、私は最近考えるようになりました。

またこの現象は、日本だけのことではありません。程度の多少はあれ、世界的な風潮のようであります。この現象がもうすぐ二一世紀という今の時期になってなぜ起こっているのでしょうか。私はこれを現代社会の問題として掘り下げて考えてみたいと思うのです。何故なら、この中に考古学の研究課題や研究のあり方を探るヒントが潜んでいるかもしれないと思うからです。

まずはじめに、これほど多くの一般市民がなぜ考古学に関心をもつようになったのでしょうか。第一に言えることは、発掘による新発見が激増し、それがジャーナリズムで大きく取り上げられるようになったことでしょう。発掘届出件数の推移をみると一九六五年から二五年間に発掘件数がいかに増大したかということがわかります。一九九〇年に文化庁に発掘届のだされた遺跡の数は二万六〇〇〇件あります。この中には電信柱一本立てる際の発掘も含まれていますから、まとまった面積の発掘としましてはこれの三分の一くらい、八〇〇〇件くらいだろうというのが文化庁関係の人から教わった数字であります。

このような多くの発掘によって新しい重要な発見があり、ジャーナリズムが大きく報道し、市民の関心も高くなっていく。これは誰もがすぐに思い浮かぶ筋書きであります。しかしマスコミが興味本意で取り上げてあおりたてるだけで市民の関心が高まるという単純な解釈を私はしたくありません。やはり考古学の新しい情報を知りたいという一般の関心の強さがあるからこそ、ジャーナリズムも力を入れるのではないでしょうか。このことは各種の市民講座やカルチャセンターの盛況ぶりを見ても分かることです。

（２）市民の関心の二つのテーマ

では、一般市民の考古学に対する関心とは具体的にどんな内容でしょうか。極めてシンプルな興味は、昔々の珍奇なものや、はっと驚く発見です。例えば、中国で、数年前に唐の時代の玄宗皇帝と楊貴妃とが使っていたお風呂が発掘で見つかり、テレビでも報道されました。これなどは私のように日頃発掘に慣れっこになっていて、余程のことにも驚かないでいる人間でも、やはり興奮した話題です。エジプトのツタンカーメンの王墓もこれと似た発見ですし、一昨年、アルプス山中ティロルの万年氷の中から見つかった五〇〇〇年前のミイラ化した人も「アイスマン」の愛称でヨーロッパでは大きな反響を呼びました。

普通は考古学的発見に、このような珍奇さはなく、地味ではあるけれども長期にわたって人気のあるテーマがあります。そのテーマは、大別して二つになるのではないかと思います。その一つは自分の先祖、あるいは自分の民族のルーツに関わるような話題。これが一つの柱かと思います。もう一つは、大昔の人の生活環境や社会の復元、あるいは失われてしまった世界各地の文明の解明につながる話題です。本日はこの二つのテーマについて少し掘り下げてみたいと思います。

何故、これをとりあげるかといいますと、一般市民が関心をもつこれらのテーマは、同時に我々考古学研究者のテーマでもあります。したがって、このテーマの有効性を検討することによって、これからの考古学が何をめざすのか、またどんな方法論で研究を進めるのかを考える手がかりが得られるように思うからです。それは、ひいては、ヨーロッパやアメリカの考古学者が理屈っぽい論争を展開しているプロセス考古学の評価にも関わるだろうと思います。

自分の祖先のルーツにかかわる一例をあげてみましょう。古墳時代の三角縁神獣鏡の評価は、日本では考古学者にとっても、古代史ファンにとっても重要なテーマです。口角泡を飛ばす論争が熱っぽく展開されていますが、このテーマの重要性はアメリカやイギリスの考古学者にはすぐにピンとはこないでしょう。三世紀の中国の王朝と倭国との関係を知る上で重要であるとか、同笵鏡の研究を基礎に倭国内の首長間の関係を考古学的に実証した小林行雄の優れた研究があるということを、時間をかけて紹介して、カンの良い学者が日本考古学における三角縁神獣鏡の重要性にようやく気付く程度でしょう。

ところが、三角縁神獣鏡が日本でこれだけ話題になるのは何故か。言わずと知れた邪馬台国論争の重要資料だからです。だからこそ、三角縁神獣鏡はマスコミの話題になりうる。よく勉強しているジャーナリストのほうが、縄文時代を専門とする考古学者よりも三角縁神獣鏡の研究動向をよく知っているという状況もここから生まれます。一方、三角縁神獣鏡や古墳の専門家は、マスコミを通じての発言の機会が多くなります。このような現象の相乗作用の結果、古代史ファンだけでなく、考古学者のなかにまで、三角縁神獣鏡の研究が他のテーマと比べてはるかに大切な、考古学の最重要課題だと錯覚する人が現われます。これは、考えれば恐ろしいことではないでしょうか。もちろん、私も三角縁神獣鏡は日本考古学の重要テーマと考えていますし、マスコミを通じて私の意見を言ったこともあります。しかし、マスコミの世界で三角縁神獣鏡が邪馬台国論争との関わりでしか重要視されにくいという風潮に私は一抹の危惧を感じるのです。さらに、この風潮が考古学者の世界にまで影響を与えて、考古学が本当に今明らかにすべきものが何か、ということを見失ってしまわないかと心配なのです。三角縁神獣鏡は、三世紀の中国と日本の関係や首長間の関係等を探るのに重要な資料であることを心にとめておいてほしいものです。

2　お国自慢の考古学

(1)　町おこしと考古学

邪馬台国論争、厳密には、邪馬台国の所在地をめぐる論争というのは、先の私の分類では先祖や民族のルーツを探求する考古学の範疇に入るでしょう。これを私はルーツさがしの考古学あるいは、お国自慢の考古学と呼びたいと思います。すでに皆さんもよくご存じのように、吉野ヶ里《よしのがり》遺跡が発見され、邪馬台国論争が再燃し、新聞によるとこの遺跡を訪れた人が五〇〇万を突破したというような近年の話題があります。ここは佐賀県の新しい観光地になった。当初は工業団地になる計画でしたが、遺跡の重要性が明らかとなり、知事さんが英断を奮って遺跡公園にした。その後、バブル経済崩壊がありましたから、いまになってみれば、この知事の決断は結果として経済効果の点でも成功であった。「人間万事塞翁が馬」です。

最近話題を呼んだ別の遺跡もあります。京都の丹後では青龍三年という魏の年号の入った鏡が出てきました。これもマスコミで大きく報道されました。この鏡が出てきた大田南五号墳のある場所は、峰山町と弥栄町とのちょうど境にあります。この弥栄町の町長さんは、まえまえから町の過疎化を何とか食い止めて活気のある場所にしたいという願望を強くもっておられました。なかなかアイデアマンの町長さんらしく、「スイス村」を作って観光地にしたり、過疎の町の町長さんを集めて「ないないサミット」というユニークな会議を主催されたそうです。鉄道がない、国道がない、海がないなど、過疎になりやすい条件をもつ町を活性化するにはなにをすべきかのシンポジウムです。

町おこしの手がかりを模索している、ちょうど、このときに、弥栄町を有名にするこの鏡が出土したもんですから、町長さんは大変はりきっていらっしゃいます。ところが、鏡が出た古墳が隣の峰山町との境界に位置しておりますから、鏡の帰属や管理をどうするのか、という新しい問題がもちあがっております。同じような話題は私自身も発掘に関係した滋賀県の雪野山古墳の場合にもありました。この場合もお国自慢の考古学に入ります。

(2)　邪馬台国位置論争

こういうことが起こるのは、新しい考古学の発見を郷土の誇りにしたい、村おこし、町おこしの材料にしたいという願望があるからだと思います。誇りのシンボルが町や村を単位とすることもありますが、もう少し広くなると、福岡県や大阪府あるいは九州や近畿といった単位になる。

例の邪馬台国の位置論争、女王国の都はどこであるかという論争が情熱のこもった話題になるのは、この典型です。

　邪馬台国問題は日本古代史研究の重要なテーマであるにもかかわらず、残念なことに、女王国の都がどこであるかという位置論争に矮小化されやすい。これに関する新しい発見があるたびに、とくにマスコミの論調は九州説と畿内説のどちらに軍配があがったか、というとりあげかたをすることが多い。野球やサッカーの勝負のような興味があるからではないでしょうか。私のこれまでの経験では、一般市民レベルでは、この論争はどちらかといえば九州で人気が高いのではなかろうか、という気がします。また、九州説の方がどちらかというと九州以外でも人気がある。五年前に大阪の岸和田市で邪馬台国論争の公開シンポジウムがありました。私もパネラーとして参加させていただいたのですが、その時は畿内説と九州説の論者がそれぞれ同数いたわけですが、最後に司会者が、聴衆から挙手でアンケートを取りました。すると九州派六に対して畿内派四という数値でした。大阪においてもそうなのです。

　その時の九州説の論客がよほど人を説得する力で優れていたのかも知れません。しかし、わたくしなどは、これは判官びいきの感情なのかも知れないと思うのです。日本人は一般に頼朝に追われた判官義経のような悲劇の英雄に味方する気持ちをもちやすいといわれます。邪馬台国九州説にノスタルジアを感じる背景に、この判官びいきに似た感情がありはしないだろうか。四世紀以後には、巨大な古墳が大和に築造される。七世紀以後、江戸に幕府が置かれるまで約千年間の首都は畿内にある。このような中央権力が確立される前の三世紀以前に、九州に栄光のあった時代があったほうが夢があるではないか、あるいは、そうあって欲しい。これは学問の手続きを踏んだ議論とはまた別の次元の議論でありますが、そういう感情があるかもしれないんです。

(3) 騎馬民族説の人気

このルーツさがしの考古学には、もう一つ重要な話題があります。騎馬民族説です。どの市民講座にいきましても、騎馬民族説についての質問を受けます。質問の時間になりますと、手を挙げる人がいて、「先生、今日の話とは関係ないけれども騎馬民族説をどう思いますか」と質問する。この騎馬民族説は、日本の考古学の専門家の中では支持者は少ないのではないかと思います。海外の学者には少しおられますが。ところが市民レベルの議論の中では、この学説の熱烈なファンがいますし、少なくとも年配の人々のなかにはとくにこの説にたいする関心は強い。

これは、江上波夫先生がこの説を提唱した第二次世界大戦直後の状況と無関係ではないと思います。それまでは万世一系の天皇制の考えを教え込まれ、また自分たちが現人神であるところの天皇の赤子《せきし》としての日本人であるということをたたき込まれた世代の人々、その人たちがこの説に出会った。その天皇の先祖が征服騎馬民族だという説なのですから、この世代にとってショックは大きかったに違いありません。だからこそ、考古学的資料からみて征服説には無理があるとわかった現在でも、この学説が正しいのかどうかに関心を寄せられるのでありましょう。

邪馬台国とか騎馬民族の問題は一般に市民講座では人気のあるテーマです。しかし市民講座には若い人はあまりいかない。本日は考古学研究会の催しということもあり、若い世代の方々がかなり多いんでありますが、一般に市民講座では年輩層の人々が半分以上を占めている。そういう経験を何度もするうちに、私は、はたと立ち止まりました。若い世代がどうして古代史や考古学の市民講座にこないのだろうか。勉強や仕事で忙しいのでしょうし、スポーツや音楽の催しに参加しているのでしょう。しかし、もし市民講座にいくとしても、もっと違うテーマの講演会に参加するのではなかろうかと想像するのです。

現在の若い人たちが邪馬台国論争や騎馬民族説のようなお国自慢の考古学に、はたして強い関心をもっているのかどうか、少し疑問に思いはじめています。考古学に興味をもつといっても、もっと違う話題に興味をもつ人が増えつつあるのではなかろうかと思います。このことについては、あとでもう一度考えてみようと思います。

(4)　民族主義と考古学

今まで述べたルーツ探しの考古学、お国自慢の考古学は日本だけのことではありません。外国にも似た現象があります。例えばイスラエル。この国の場合は国の存立の論理的基礎を考古学が与えてくれる。古代イスラエル王国の存在が現在のイスラエルの国家の存在の根拠を与えるわけであります。したがって、この国においては遺跡の調査や保護が非常に手厚く扱われております。このことについては、田中琢さんが詳しく書いています（「考古学とナショナリズム」『岩波講座・日本考古学』七、岩波書店、一九八六年）。一五年前に外相をしていたダヤン将軍、エジプトとの戦争の電撃作戦で勝利したことで有名なあの独眼竜のダヤンさんは考古学マニアだそうです。また、最近イスラエルとパレスチナとの暫定和平が締結され、パレスチナの暫定自治区の設定で合意を見たわけでありますが、それが決まった瞬間にパレスチナ地区においてイスラエルの発掘が急いで行われた。これは駆け込み発掘ということで、国際的に非難を浴びていることが新聞でも報道されておりましたが、これは、我々が開発に追われて緊急調査をしていることとは違った次元の緊急調査だと私は考えております。

あるいはお隣の大韓民国や朝鮮民主主義人民共和国、これらの国々においても新羅、百済、高句麗の古墳や寺院など、かつての祖先の栄光を物語る遺跡が非常に手厚く保護されております。

ヨーロッパでも似た現象があります。私の経験したところでは、たとえばアイルランドで、考古学や歴史学が、自分たちの祖先を明らかにする学問として重視されています。ここではケルトの遺跡が非常に手厚く保護され、調査されています。これはアイルランドの人たちがイギリスの植民地として長く虐げられてきたことと関係するでしょう。これに対する抵抗運動は現在でもありますが、この運動と文化的につながるものがあると思います。

あるいはメキシコ。この国ではアステカ帝国時代の宮殿や神殿などの記念物がよく保存されておりますけど、これもやはりスペイン人が征服する以前からいた先住民、またその子孫、いわゆるインディオ、あるいはインディヘナと呼ばれている人たちの誇りの遺跡であります。バイオリニストの黒沼ユリ子さんが『メキシコからの手紙』（岩波新書、一九八〇年）という本をお書きになっています。わたくしもだいぶ前に面白く読んだのですが、その中にも、今の話題に関わる一つの材料がありました。一九七七年の話でありますが、インディヘナの人たちの全国大会がメキシコシティで行われました。その時の会長さんの演説の中の次の一節は、ルーツ探しの考古学、お国自慢の考古学の積極的側面を雄弁に語っています。

「わしらの文化の証《あかし》は考古学にも芸術にも示されているではないか。」（同書一六頁）「なのに…」という言葉が後に続くわけですね。彼らはスペインの征服以後、虐げられ、今は貧しい生活を余儀なくされている。しかし、彼らの祖先はすばらしい文化を築いた。会長さんはインディヘナのかつての栄光の文化的な誇りを呼び覚まそうとしている。ここには考古学や伝統芸術にたいする期待がこめられています。私は一九八八年メキシコシティを訪れ、民族の文化遺産を堂々と展示する壮大で立派な民族学博物館を見学しましたが、それが、一九六八年のメキシコオリンピックの関連行事として設立されたことを知り、改めて、お国自慢の考古学の存在を肌で感じたものです。

（５）系統論と分布論と民族主義

このようにお国自慢の考古学・ルーツ探しの考古学は、民族の誇りや民族の存在を根拠づける材料を提供します。あるいは、民族よりもっと小さな単位の地域や集団、ときには一つの家族の存在の歴史的根拠を考える手がかりを与えます。つまり日本民族の起源を語るときだけではなく、九州や東北などの地域の誇りを語るときにも考古学が一定の関わりをする。この意味で、ルーツ探しの考古学は、民族主義の考古学と言い換えることが可能でしょう。

民族主義の考古学は、研究内容では、伝播論や系統論的な研究、あるいは分布論的な研究と密接に関係します。たとえば旧石器時代の細石器の技術の系統や、縄文土器の系譜に関する問題がそうです。あるいは弥生土器の成立にどこから外来の影響が入っているか、というアプローチ、これらは系統論に属します。また、遠賀川式土器の分布圏や亀ヶ岡式土器の分布圏の背後に何らかの人間集団の存在を認めようという視点も、民族や集団を考古学的に解明しようとする研究に結びつきます。ヨーロッパでも、ビーカー土器の伝播や分布が、ある特定の民族の移動や分布を反映すると考えられたことがあります。

民族主義の考古学、地域主義の考古学、あるいはお国自慢の考古学は、いま申しましたように、特定の地域の誇りや、特定民族の誇り、あるいは民族存続の歴史的な根拠づけの材料を提供して、虐げられた人々をはげまし、ときにそれが民族独立運動の精神的支えとなります。先に紹介したアイルランドやメキシコの例などは、これにあたるでしょう。しかし、一方では、これが昂じて排外主義に利用され、他の民族を抑圧する材料にもなりうる。ある特定の型式の遺物の分布と特定の民族との対応関係を主張したG・コッシナの学説によって、その領土がゲルマン民族に所属するというおすみつきに利用されたケースなどは、その典型です。民族主義の考古学の社会的役割のこの二面性に、我々はいつも特別の注意を払っておくべきだとおもいます。

3　地球主義の考古学

(1)　若い世代の関心

一般市民の考古学にたいする関心には、二つのテーマがあると先ほど述べました。今まで述べてきたのはお国自慢の考古学ですが、それとは別のもうひとつの考古学のテーマは、大昔の人の生活様式を知りたい、大昔の人の社会がどんなものか知りたい、失われた古代文明の実態の片鱗に触れてみたいというものです。そのテーマは地域や民族よりもっと広い意味の人間の歴史を明らかにしたいという願望に根ざしています。これは、わが祖先や民族のルーツを知りたいという願望と対比して、地球主義の考古学、あるいは普遍的な人類史の考古学と呼んでみようかと思います。

先ほど、邪馬台国や騎馬民族への関心は、年輩の方に比較的多く、若い人に少ないのではないかということを申しました。これには、市民講座での質疑や、大学での講義や学生のリポートの読後感など、私自身のいくつかの体験がもとになっています。市民講座における質疑については、先程紹介しました。他方、私はこれまで大学の教師として、考古学をしたいという若い学生や考古学を専攻しようかどうか迷っている学生と何度も話をした経験があります。学生に、なぜ考古学をしたいのかを聞きますと、邪馬台国とか騎馬民族がやりたいっていうのは少ないのです。考古学を専攻しない人や、考古学の実情をあまり知らない学生さんで比較的多いのは、シルクロードに行ってみたい、マヤ文明のことが知りたい、あわよくばそこの発掘に参加したいというものです。一〇人の専攻希望者がいますと、そのうち一人ないし二人、多い場合には三分の一くらい、そういう人がおります。

そういう学生さんが初志を貫徹してエジプトやマヤの専門家になったという例は極めて稀です。外国考古学を専門的に続けていく条件が日本ではこれまで不十分だったということも原因ですが、現実の考古学と若い学生の期待とのギャップが大きいということがもっと大きな要因だと思います。たとえば私たちの研究室では、毎年のように夏休みには発掘を行います。京都の竹薮の中の古墳などを発掘するのですが、発掘開始後、一週間ぐらいは、くる日もくる日も、竹の根っこ引きの重労働のうえ、ヤブ蚊の襲撃にやられる。本格的な発掘となっても、毎日のように葺石と埴輪のカケラとの格闘です。一月ほどそういうことをやっているうちに、中には、先生、私の考えていた考古学と、この仕事とはかなりイメージが違うからやめたい、という人も出てくるわけですね。その人にとってマヤはだいぶ遠かったということでしょうか。

しかし、私はマヤ文明について知りたいという気持の中に、失われた古代文明、あるいは昔栄えて衰退してしまったものへの関心があると思います。楼蘭の廃墟やモヘンジョダロの都市の廃墟の上に立って、かつての繁栄と衰退とを確認したい、という願望があるのではないかと感じます。もしかすると、近年の恐竜ブームも、恐竜の繁栄と衰退の確認という同じ根をもった関心かもしれません。

(2) 環境問題への関心

繁栄と衰退への関心はまた、現代人がもつ未来への不安とも関係があるのではないでしょうか。数年前にある新聞社が行なった学生の意識調査の統計によりますと、最近の学生が社会的なことについてもつ関心のなかでトップを占めたのは環境問題だそうです。大気の汚染、森林の破壊、酸性雨、温室効果など。地球の温暖化で海水面が上昇し、東京湾もニューヨークのマンハッタンも洪水の危機に瀕するかもしれない。あるいは核戦争や核の冬の危機。これらは、もちろん若い人のみならず、我々人類全体の関心事でありますが、これから長く生きる若い人たちが、敏感に危機を感じ取っているのではないでしょうか。

二〇世紀の末となり、もうすぐ二一世紀を迎えようとしている今の時点というのは、物理的に世紀末という、たまたま偶然のことでありますけれども、現代の人類が、環境の問題でも社会的な問題でも大きな転換点を迎え、将来にわたっての長期の展望が欲しいという願望がある。私自身も展望が欲しい一人です。将来を見通せるような長期の展望を得たいがゆえに、逆に遠い過去をふりかえってみる。その中から長い波動の変化、あるいは変化しない安定したものを見つけたい、それが、考古学や歴史学や、自然史にたいする関心を高めているのではないか。もちろん誰も彼もがそういうふうに理屈っぽく考えているとは思いませんが、漠然とした直感が、遠い過去への関心を生み出しているのではないかと思います。

つい最近ＴＢＳ系のテレビで、自然科学がどのように考古学を助けているか、というテーマの一時間番組がありまして、奈良国立文化財研究所の所長の田中琢さんを中心に、最近の考古学のトピックが紹介されました。トイレ考古学の話、脂肪酸分析やコラーゲン分析と古代の食生活の復元、地震考古学や、年輪年代と古気候の復元など、非常に面白い番組として注目をあびました。これは邪馬台国でもなければ三角縁神獣鏡でもないんです。けっしてきらびやかなものではない。トイレ考古学などは汚いものの最たるものであります。

では、何故そのように地味なものが、多くの視聴者の関心を引いたのでしょうか。ハイテクの科学が古代のロマンを語ることへの興味もあるでしょう。しかし、それ以上に、これらの情報が現代人の心の奥に潜む不安や疑問に答えてくれる可能性を秘めているからではないでしょうか。

たとえば、年輪年代学の進展は、遺跡や遺物の年代決定のみならず、過去の気候の変遷をも実証的に明らかにする可能性をもっています。現状では、奈文研の光谷拓実さんらの研究によってヒノキについて約二〇〇〇年間の年輪パターンが完成した段階です。これと気候変化との対応については今後の研究が必要のようですが、気候変動を年輪パターンから跡付けることができるようになれば、天明の大飢饉などの背景となったような冷害期、あるいは旱魃を招くような高温期など、過去の気候の変化とそれにともなう災害など社会的な現象との関係について議論できる展望が開けるはずであります。

日本ではそれほど進んでいないのですが、たとえばフランスのアナール派などが提唱した社会史では、百年あるいは数百年という長い時間幅における人類社会の変動を研究の重要なテーマに掲げている。これは、短い時間幅における政治史研究が解明できない課題がある、との反省のなかから登場してきたものです。そのテーマの一つとして、気候の変化と、人間社会の変化との関わりなどもとりあげられております。長期の時間幅における人間社会の変化ということ自体、考古学が得意とする領域ですが、年輪年代学は、この種のテーマにも十分に応えうると思います。

(3) プロセス考古学の功罪

このような地球主義の考古学あるいは普遍的な人類史の考古学と呼ぶべきものを問題としようとしますと、プロセス考古学の評価について触れないわけにはいきません。今から三〇年ほど前、一九六〇年代の初期にアメリカでは新しい考古学運動が起きました。ニューアーキオロジーといっております。L・ビンフォードが一九六二年に「人類学としての考古学」という短い論文を発表した。それがこの運動の皮切りを象徴する論文だといわれております。彼やK・フラネリーらは、考古学の役目は、人類の環境への適応の変化を明らかにすることであり、採集経済から農耕経済へ、あるいは階層社会の出現から国家発生のメカニズムを明らかにすることなどを通じて人類の行動様式の総体を法則的に把握することであると考えます。彼らの立脚した哲学の特徴については、穴沢咊光さんが批判的に紹介しています（「『考古学』としての『人類学』」『古代文化』三七巻四・五・六号、一九八五年）。

彼らが重視した人類史の法則的理解という目標には積極的な側面があると私は思います。この学派は、自然環境に人類がどのように適応してきたかということをかなり多面的に明らかにしました。動物や植物の生態系の研究や、自然環境と人間との共生のありかたについて民族誌を通した研究を重視します。それを解明するために当然、自然科学の方法をどんどん取り入れます。コンピューターの積極的利用もこの流派が早く手がけたことであります。

一九六〇年代に新鮮な響きをもって登場したニューアーキオロジー、この学派は人類の普遍的な法則の追求を重視するあまり、地域性とか民族的な違いなどをできるだけ無視しようとしました。考古学の研究において大事なことは、人間がある環境にどう適応していったかのプロセスや、適応の一般法則を追求することであり、技術の伝播や文化の系統がどのように関わっていたかは、二次的なことにすぎない、というのです。人類が環境にいかに適応し、いかに自然を改造し、進化したかの法則の追求にとって、技術の伝播や文化の接触の要素はノイズである、という考えです。ビンフォードさんやイギリスのＣ・レンフルーさんは、この立場をとっています。彼らにとっては、先に問題にした民族主義の考古学、お国自慢の考古学などは、科学とはほど遠い主観的なものだということになります。

これにたいし、プロセス考古学が一般法則の追求のみを強調するあまり、地域性を無視し、少数民族や、女性や、社会的に差別された集団などの少数者を軽視した結果、地域ごと集団ごとの個性の解明を怠ったとする批判があります。イギリスのI・ホッダーさんたちは、このような批判を掲げてポスト・プロセス考古学運動を展開していますが、アフリカなど新興国の考古学者や女性の権利運動を推進している考古学者のなかで積極的な支持者がいるのは当然といえましょう。また、邪馬台国論争が日本でなぜ盛んなのか、どのような社会的基盤をもつのかということは、ホッダーさんなら理解しやすいことだろうと思います。

「文化財を保護する思想」と題する田中琢さんの次の主張はこの問題に関わっていると思います。「未来に予想される、いや、すでに現実化しつつあるグローバリズムは、多様性を否定する危険性を多大にはらんでいる。人類の未来をあたらしく大きく展開させるには、グローバリズムのなかで多様性の発展を可能にさせるシステムを発見し、保持し、進展させることが必要になるだろう。そこでは、多様性の実態を識別し、確認できる冷厳な眼が必要となる。…文化財を生みだした多様な人間活動、『かつて、どこで、なにが、どのようにあったか』、それを知ることがわれわれに多くをもたらす、とわたしは確信している。」（田中琢・佐原真『考古学の散歩道』岩波新書、一九九三年、二〇二―二〇三頁）。

グローバリズムに関するこの指摘は的を得ています。しかし、プロセス考古学が目ざした人類史の法則的理解は、日本考古学に刺激を与え、新しい視点をもたらしてくれたと思います。

(4) 考古学者は、現代から超越できるか

現代社会との関わりを意識して考古学を大別すると、その一つは、お国自慢の考古学、もう一つは、地球主義の考古学に分かれるということを申し上げました。しかし、こういうと、反論する人があるにちがいありません。「私は、現代社会のことなど無視して、主観を交えないで、客観的に学問をしている」と。

はたして、そうでしょうか。私はそうは思わないのです。考古学者も、やはり、この時代の空気を吸いながら、この現代社会のなかでものを考えていると思います。だから、考古学の研究でどんなテーマを選ぶかは、本人の意識とは別に、現代的関心ときわめて密接だと思うのです。

『考古学研究』誌の論文テーマの変遷図（次頁）を見ていただきたいと思います。四〇周年を迎えた我々の考古学研究会の雑誌の創刊号（一九五四）から三〇年間に載った論文のテーマを分類して統計をとったものです。全部で七四九編の論文がありますが、五年単位に統計をとり、テーマ別にパーセントで表しました。論文の傾向を見ますと、一九七〇年を境にして大きな変化がみてとれるのです。一番上の型式学・遺物論は考古学の基礎ですから、これは、ほぼ同じような比率で、あまり変化はありません。それに対して、変化がみられるのは「技術・生産発展論」です。これが七〇年ぐらいを境にして、がくんと落ちて減少していく。同じように減少しているのは「政治史」。ここで「政治史」としているのは、古墳の研究から、出雲や吉備の政治的社会の形成を論じるとか、そういう傾向のものでありますが、そういうものもやはり減っている。それに対

右図は都出「日本考古学と社会」『岩波講座日本考古学』（七、岩波書店、一九八六年）に掲載のものに加えて小笠原好彦氏が、考古学研究会五〇周年記念国際シンポジウム『文化の多様性と21世紀の考古学』二〇〇四年で、都出が作った図に、さらに一九八五年以後の動向をつけ加えたものである。

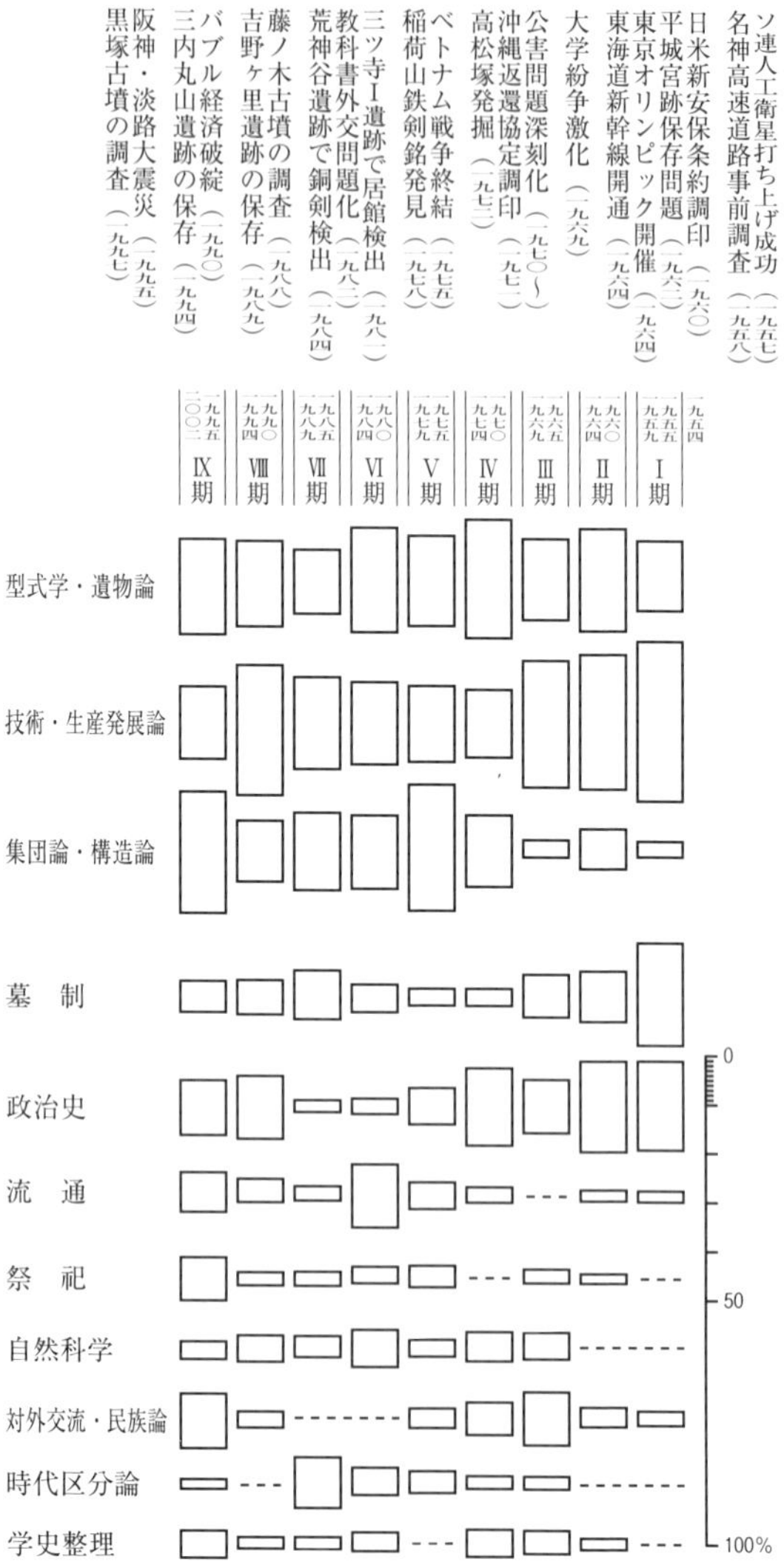

『考古学研究』誌の論文テーマの変遷図

して、逆に増えているのが、「集団論や構造論」です。お墓や集落の分析から社会構造を明らかにする、という研究です。「墓制」のテーマが減ってきていますけれども、お墓そのものを扱うというよりは、お墓の研究から社会組織とか社会構造の解明という議論に傾いた結果だと私は考えています。

一九七〇年前後におけるこの変化を私は次のように解釈しています。一九六〇年代までは、社会の発展、あるいは技術の発達、生産力の発展というテーマは研究の面でも重視された。考古学者の生きていた現代社会では、戦後復興の時期ですし、一九六〇年には池田内閣が所得倍増計画を出して経済成長ということが社会的に重要な関心になった、そういうことと関係あるのではないか。もちろん史的唯物論の立場から、社会関係の解明に生産力の発展ということが当時重視された、ということも考慮しておくべきでしょう。

これに対して、七〇年以降は、発展とか、時代的変化などよりは、あまり変化のないもの、歴史的な時間的な軸で変化の少ないもの、構造的なもの、これが重視されるようになっていると思います。一九七〇年というのは公害問題が社会問題化した時期であります。あるいは七三年にはオイル・ショックがあり、石油を求めてガソリンスタンドに走る、トイレットペーパーを買いに走る、ということが社会現象となった時期でありますが、この時期ぐらいを境にして、地球上の人類が利用できるエネルギーに対する楽観的な見通しが大きく変化しました。これは世界的な現象だと思います。このころから、発展という概念よりも、構造という概念が人々の関心の中で大きくなります。欧米でも構造主義の考えが人文科学、社会科学で流行したのもこの時期であります。

このような現代社会の現象、社会の思想的雰囲気という空気を吸いながら私達は生きている。それが考古学者の研究の関心にも、テーマの違いにも影響しているのではないかというのが私の見方であります。余談ながら、一昨年ケンブリッジに滞在中に、ある研究会で、このグラフを使いながら日本の考古学の研究動向の話をしましたら、I・ホッダーさんがとても興味深いと言ってくれました。彼は、考古学者の研究視点と現代社会とは密接な関係をもつ、と主張していますが、論文テーマのこのような分析の統計は、これまであまりないのです。それと、もう一つ、イギリスと日本とでは、考古学者の関心の推移の傾向の一部に逆の現象があるのも、面白いとも言っておりましたけれど、その話には今日は立ち入りません。

4　考古学が現代に送るメッセージ

（1）人と自然との関係史

これから結論に入りたいと思います。考古学の仕事として、先ほど申しました人と自然との関係の歴史、これはやはりこれからも重要なテーマであろうと思います。つまり、人が自然にどのように適応し、自然をどう変え、また、そのしっぺがえしをどう受けてきたかという研究です。

これは、もちろん考古学者だけでできるわけではありませんが、地球、自然環境、気候の変化、そして人類による自然改変の歴史が大きなテーマになってゆくでしょう。この研究が進むことで私達の未来が少しでも明らかになり、私達の行動に影響を与えてゆくでしょう。

(2)　人と人との関係史

それからもう一つの考古学の重要なテーマ、それは人と人との関係の歴史です。人と人との関係は、さらに五つほどに分かれると思います。まず第一に、最も素朴で日常的に大切な人と人との関係といえば、男女の関係、家族の関係です。若者は恋に悩む。結婚すれば、家事の役割分担をめぐってもめごとが起きる。職場でも最近は「雇用均等法」をめぐる議論がある。人類学者のP・マードックは、世界のいろんな民族、種族における労働の性別役割分担について総合的な分析を行いました。性別分業や親族関係は人類学者にとっては重要な課題ですが、我々考古学者は、過去に古くさかのぼってこの問題を研究することができます。

男女の役割分担も重要ですが、一夫一婦制の将来も重要なテーマだと思います。一夫一婦制度が、これからどうなるのか、これは私も関心をもっていることであります。本屋さんに行きますと、『愛はなぜ終わるか』（E・フィッシャー著・吉田利子訳、草想社、一九九三年）というような分厚いハードカバーの本が、『マディソン郡の橋』の横に平積みにされていて、よく売れているようです。私も拾い読みしました。あるいは竹内久美子さんの『浮気人類進化論』（晶文社、一九八八年）

なども、題は不まじめそうだけども、中を読むと、猿から人類に進化する中でセックスの問題がどう変化したのかという問題について自然人類学の立場から面白く書かれています。こういうことが話題になるというのは、やはり現代人がこの問題に非常に興味を持っていることを示しています。この問題にも考古学者は関わりうるし、何か材料は提供できるであろうと思います。原始時代の土器づくりと女性の役割とか、春成秀爾さんが力説される抜歯型式と婚姻関係とか、住居での男女の住み分けなど、考古学から発言できることは多くあります。

時間がなくなってきましたので、あとの四つについては、手短かに話しましょう。二つめは権力や国家の歴史についての話題です。国家というのは、権力を握った一部の集団が他の全ての人を支配する組織で、歴史的にできあがってきたものであります。では、国家のない社会は将来やってくるのでしょうか。何年か前、ソ連の共産党が共産主義において国家は死滅する、ソ連では国家はもう死滅したと宣言しました。それをめぐってそんな馬鹿なことはない、ソ連にはれっきとした権力や国家がまだあるではないかという批判が出され、論争が起こりました。皮肉なことに、「死滅した」と言った人たちが十分に説得力ある反論をしないうちにソヴィエト社会主義共和国連邦そのものが解体してしまいました。国家というものが、日本も含めて遠い将来にわたって存続する性格のものか否か、これもまた重要なテーマです。これに対して考古学は過去にさかのぼって国家の発生のメカニズムについて考える材料を提供できるでしょう。

三つめは、民族の問題。ボスニアでは今日も民族紛争で人が死んでおります。この問題も我々と無関係のように見えますがそうではない。我々の日本列島でも民族問題が存在しています。アイヌの問題、また沖縄の問題、あるいは在日韓国人・朝鮮人の問題、こういうことに対しても我々考古学者は何らかの議論の材料を提供できるはずです。

四つめは戦争。人と人が殺しあうことが正当化されるのが戦争ですが、これについては佐原真さんが、「かつて戦争はなかった」というテーマで何度も発言しております。戦争と平和が考古学者にいかに密接な関わりをもつか、これも自明であります。佐原さんは、人類史が二〇〇万年とすれば、その最後の四〇〇分の一のところから人類は戦争を始めた。だから戦争はなくせるはずだという信念で、今や考古学者佐原から、平和運動を主唱する考古学者佐原という二つの顔をおもちになりました。

最後に五つめ、芸術の問題。私が不得意とするテーマであります。ミロのヴィーナスがどうして長い歴史を隔てた向こうから我々に感動を与えてくれるのだろう。あるいは縄文の火焔土器といわれるあの作品を作った人の心がどうして我々に伝わってくるのだろうか。この問題もやはり考古学者が関わりうる問題だと思います。

(3)　過去と現代とをむすぶ博物館

最後に私の夢を打ち明けて終わりたいと思います。もし私に、あなたの好きなように博物館を構想しなさい、何億円でもお金を出します、広い土地も提供しますと言われたら、私が構想したい博物館の展示は次のようなものであります。これまで日本の博物館の展示というと、旧石器に始まり、縄文、弥生、古墳と続き、現代史までと、時代順にずっと並べていますね。それも悪くはないと思うんですが、もし新しいユニークなものをつくるとしたら、私は、博物館に五つの展示部門をつくりたい。まず、第一の大きな部屋では男女の歴史を考古資料から考える。もちろん博物館の展示が主張を押しつけてはいけませんから、考えるための材料を展示する。第二の部屋では権力や国家の歴史。古墳やピラミッドなども材料になるでしょう。第三は民族問題の部屋。民族の居住範囲が考古資料に反映するかどうか、などの論争ができるような材料を並べるのも一案です。第四室は戦争。第五室は芸術という具合です。

こんな博物館を実際に作るとしたら、これは大変だと思うんです。それぞれのテーマにどのように迫るのか。これを考えるだけで、「現代に生きる考古学」という本日のテーマのような議論を、立場の異なる学者や市民が毎日のようにしなければならない。それだけでも、大きな実りがあるでしょう。

ただ一つ、現実問題として大切なことがあります。もう一部屋、六つめの部屋として、お国自慢の考古学、この部屋を作らないと国や自治体の予算はつかないでしょう。また、市民の支持も得にくいでしょう。しかし、単に競争原理や排外主義のお国自慢ではなくて、その国に住む人が、またその町に住む人が自分たちの歴史を、反省も含めてじっくりと考えることができるような、そういうお国自慢にしたいものです。

こんな博物館が実現できる日を夢みながら、私の話をこれで終わらせていただきます。

（『考古学研究』一六三、考古学研究会、一九九四年一二月掲載の内容を大幅に追加・修正した）

コラム

時差と国境

日本を発ってヨーロッパの空港に着いた時に感じる時差のとまどいは、回数を経るうちに軽くはなっても解消することはない。

飛行機で頻繁に往来するビジネスマンのように世界各地の現地時間が分かる時計をもち、身体を鍛練すればそんなに苦痛でなくなるのだろうが、一年に一度程度ならアルコールに頼って熟睡し、むりやり翌日からの生活に慣れるというはめになる。

たまに行く外国なら、八時間の時差は、煩瑣《はんさ》な日常から離れた別世界に飛ぶ期待と駆け引きに我慢することもできよう。しかし時差を毎日感じながら生活をしている人々がいる。そのことを私が知ったのは、はずかしながら最近のことだ。

好太王の碑文など高句麗の遺跡を調査するため、一九八五年に中国吉林省の集安県を訪ねた。鴨緑江の岸辺に立つと、数百メートル南の対岸は朝鮮民主主義人民共和国。肉眼でも工場の煙突や、人の動きが見える。ここでは北京放送よりも平壌放送の映像が鮮明だった。中国籍の朝鮮族の人々が多いこの地では、汽車で鴨緑江を南に渡って時々親戚と交流することがあるらしい。

ところが南岸の朝鮮時間は日本と同じで、北岸の中国は一時間遅い。正午に南岸で工場の休憩のサイレンが鳴る時、北岸は午前十一時。中国人のお腹はギュウギュウと鳴る。その後の一時間がとても長く感じるという人がいた。

エストニヤ共和国の人々はソ連に編入されて以後は、モスクワに合わせた二時間の時差のため朝まだ暗いうちに仕事を始めねばならなかったが、いま進行中の自治拡大運動の成果として、編入以前の民族時間を獲得したという。

社会制度を問わず標準時間を画一的に強制すると無理が生ずる。アメリカの西海岸と東海岸とでは三時間の時差がある。北海道の根室と沖縄の八重山群島との距離は一時間半の時差に匹敵する。どの時間に時計を合わせるか。各地各様、真剣に考える日が将来の日本にやってくるかもしれない。

（『神戸新聞』一九八九年一一月七日夕刊より転載）

【対談】歴史の発掘――モノと文字の織りなす世界

これは一九九五年一〇月に国立歴史民俗博物館で行った石井進さんとの対談を収録したものである。石井進さんは、一九三一年東京生まれ。東京大学文学部国史学科卒業。国立歴史民俗博物館館長も務め、著書に『鎌倉幕府』（中央公論社）、『中世武士団』（小学館）、共編『中世の法と政治』（吉川弘文館）などがある。二〇〇三年に没。

1　日本の社会組織

石井　都出さんは、考古学を歴史学の中に位置づけることに努力されてこられた、考古学界をリードされる理論家として有名ですが、都出さんと初めてご一緒したのは、たしか一〇年前でしたでしょうか、大阪の国立民族学博物館（民博）が実施した共同研究のときでしたですね。

あのときは、イエ・ウジ・ムラをめぐる「日本の社会組織」がテーマで、民博の小山修三さんが、考古学者でこういう問題に答えられる方は非常に少なく、カネにタイコでやっと探しだしたのが、都出さんと春成秀爾さん、甲元眞之さんの三人だと紹介され、それぞれ大変興味深いお話をうかがいました。

都出 社会組織といってもいろんな側面があって、社会発展史としての社会組織については、和島誠一さんや近藤義郎さんなどが扱ってこられました。

共同体論とか階級社会論といった、社会経済史、社会構成体史という枠組みの中での蓄積は、一九三〇年代からありました。

しかし、あのときテーマになった「社会組織」というのは、社会構成体的なものではなく、イエ・ウジ・ムラという社会集団でした。ですから、親族関係を取り上げても、唯物史観の公式で、母系制から父系制といったような次元で考えるのではなく、今の人類学の水準で親族組織をどう考えるかを探る共同研究でした。この次元で考古資料をどう扱うかについて議論したものとしては、初めてのまとまった研究会だったように思います。

石井 都出さんは、たしかあのとき、土器の紋様から社会集団や女性の通婚圏などについてお話しされまして、大変に新鮮な印象を受けました。

都出 あの報告は、佐原真さんが、一九七〇年代までに摂津・河内・大和など近畿地方の資料をもとに、弥生土器は地域ごとに顔つきや作り方が違うことを明らかにされたお仕事がベースになっています。

私はもともと、社会構成論に関心がありましたから、佐原さんが実証された地域色の実体は何だろうか、その背景に何があるのだろうかと考え、それは通婚圏を表すのではないかということを一九六八年に発表しました。

石井　ずいぶん昔のことなんですね。

都出　その論理はといいますと、土器は、縄文土器でも弥生土器でも女性が作ったはずだ、とすると、その顔つきがいろいろ異なるのは女性の活動圏と関係があるだろう、そして女性の日常的で恒常的な活動圏といえば通婚圏ではないだろうか、というものでした。この考えは、今でも変わっていません。

2　図式化の必要性

都出　石井先生は、そのとき、東国の武士の世界を中心にイエの話をされましたが、その中で鮮やかに覚えているのは、武士の居館とその周りの直営地、その外側の荘園との関係を単純明快に図式化して示されたことです。

石井　そうでしたね。でも、単純すぎるとか、批判されましたよ。しかし、私は、まず最初は単純明快な仮説をだして、あとはそれをもとに議論を深めていけばいいのでは、と思っています。

都出　私が文献史学の方々に望みたいのは、もっと図式を描いて欲しい。たとえば、荘園の下地《したじ》中分《ちゅうぶん》のように所有関係が重層的になっている場合には、とくにそうですね。

石井　以前はそういうこともしていたのですが、戦後、村を支配するシステムである一つ一つの荘園を細かく研究していくようになると、村というものは千差万別で、一色に図式化できないことに気づいて、それ以後、極端に慎重になってしまった。その結果、個別の荘園についての詳しいモノグラフはでますが、それらを全体的にまとめることが少なくなりました。

3　考古資料をどう読むか

都出　中世史について、私自身の苦労話を申しあげますと、私は今から一六年前に大阪大学に赴任したのですが、当時はまだ考古学の講座がなく、考古学の専攻が独立するまでの九年間は黒田俊雄先生の講座の助教授でした。

石井　えっ？　じゃ、都出さんは中世史の専門家なんですね（笑）。

都出　肩書の上では日本思想史講座の助教授でした。そんなわけで、赴任当時は大学院の演習を開講しても、担当する学生は全員が中世史で、とても困りました（笑）。

石井　開講科目は考古学演習とか……？

都出　いや、国史演習です（笑）。赴任したばかりで、考古学の学生は一人もいませんでしたから。学生に何を専門にやっているかを聞くと、荘園だ、寺院史だという。私はといえば、文書も読めない。

そこで一計を案じて、私があなた方の役に立てるのは、考古資料をどう読むかということだから、それを演習にしよう、と言って、それぞれの学生に何に関心をもっているかを聞いて、それに関連したテーマを与えました。荘園に興味をもっている学生には、古代から中世までの集落遺跡の報告書を与えて、それを読んでまとめるように言い、流通や交易に関心を抱いている学生には、中世の陶磁器や瓦器の研究が活発だから、茶碗の流通の問題をやるように指示し、またある学生には地割や条里制について課題を与えました。そうして、一年間、演習でディスカッションしました。

石井　それは、私もぜひだしていただきたかった（笑）。

都出　しかし、私にとっても大変でした。私自身は弥生時代、古墳時代が専門で、古代もせいぜい平城京の発掘に参加したぐらいで、中世なんて考えたこともありませんでしたから。

石井　いやぁ、私がぜひだしていただきたかったと申したのは、中世史で考古学の成果が非常に重要になってきたのは一九七〇年代以降ですが、じつは発掘報告書というのが、私たち文献史家にはチンプンカンプンなんです。とくに私たちが知りたい遺構と遺物の関係がわからない。まず遺構、次に遺物と分けてそれぞれの説明はあっても、遺構のどの部分から、どの遺物がどういうような状況で出土してきたか、全然わからないんですね。

都出　報告書の読み方で一番簡単なのは、集落遺跡が一つの場合は、まず遺跡全体の配置を示した良い図を手に入れ、それをコピーします。そして、溝なら溝について、コピーした図の中の溝を時代別に色鉛筆で色分けしていく。そのためには、奈良国立文化財研究所が開発したSB（建物）とかSD（溝）とかいう全国共通の特殊な遺構記号を知っておく必要がありますが、これは一〇個ぐらいしかありませんから、それを覚えていただき、塗り分けていきます。

そうすると、同じ時期の溝や建物群が同じ色で鮮やかに浮かび上がってきます。また、木簡についても、それがどこから出たかを図に書き込んでいきます。そのあと、もう一度、自分でとくに関心のある時代の遺構の関係をみていくと、遺跡の全体像が大体つかめます。

私たちはいつもやっていますから簡単なことなのですが、文献史学の方は、あの報告書の体裁をみただけで、誰か要約してくれないかと思うでしょうね（笑）。私が受けもった大学院生も、最初は大変だったようですが、一年間の演習を終えると、発掘報告書が怖くなくなったと言っていました。

4 畑作は水稲よりも古いか？

石井 ところで、民博の共同研究のとき、都出さんは、群馬県の三ツ寺の古墳時代の遺跡の豪族居館跡を引き合いにだしながら、水田稲作が非常に古くからあったことを、スライドを交えて発表されましたね。

ちょうどその頃は、国立歴史民俗博物館（歴博）の初代民俗部長をつとめられた坪井洋文さんや中世史の網野善彦さんが、水田稲作農耕に日本の文化を一元化するのは誤りだと主張され始めた時期でしたでしょう……。

都出 水田中心史観に対する網野さんの批判は、問題提起としてはよいのですが、ただ私は行き過ぎていると思う。

というのは、考古学のほうからみていくと、弥生時代に水稲農耕を始め、古墳時代を通じて古代人は執拗に水田を追求しているのです。青森県の垂柳遺跡のような、気候条件としては限界のところでも、執拗に水稲を追求している。同時に、それは畑作も伴っています。

石井　関東平野は畑作優越地帯で、坪井さんがイモを象徴とする文化を強調されたのも、関東平野の調査経験にもとづいているのではないかと思いますが、そこで三ツ寺のような古墳時代の水田遺跡（群馬県）がでているんですね。

都出　ちょうど五世紀末から六世紀にかけて、あの居館ができるのですが、その周りに大開拓をしています。そのため、かなり離れた上流から幅一〇メートルぐらいの人工水路を台地上に引いてきています。

そして、おもしろいことに、その水路を挟んで低い方に水田、高い方に畑がみられます。しかも、畑には畝があるんです。ということは、そこで非常に集約的な農業が行われていたことを示しています。ふつうなら、畝は残らないのですが、火山の噴火で灰や軽石がつまったため残ったんですね。

石井　じゃ、水田と畑とが両方セットですか？

都出　ええ。水田をやりながら、水がかりの良くないところは畑にしたんですね。一方、日本のポンペイといわれる黒井峯遺跡（群馬県）の場合は、立地条件の関係で畑作が優位で、低い所は水田です。ですから、私は弥生時代以降の農耕形態を、水田・畑結合型と畑卓越型の二類型に分けています。

これまで弥生時代の農業に関する研究は、初期の段階において水稲を確認するのに主眼がおかれたため、水田中心主義といわれても仕方のない面があったのですが、最近では考古学的成果によって、畑作物のアワ、ムギ、ヒエ、ソバ、ウリの類についても多面的に明らかにされてきています。沖積平野の中心部でも、水田を中心にしながら畑作もおこなっている。

ですから、そういう事実を押さえずに、東日本は畑作だというふうに単純化しすぎるのには反対です。

それから、坪井さんが指摘されたモチなし正月の儀礼の存在は、水稲よりもイモの畑作が先行したことを示す民俗学的論証とされてきましたが、私もこの問題については、ずいぶん長い間、疑問を抱きながら考えてきました。

その結果、弥生時代の畑作物の中にムギが含まれることと、畝立法をもった畑が存在したという事実などから、弥生時代の初めに、すでに畑作と水田が共存していたという結論に達しました。ムギは中国でも漢代に普及し始めた比較的新しい作物で、弥生時代初期に渡来集団が水稲と一緒にもたらした可能性が高いからです。

ちょうどその頃、遅まきながら、大林太良さんの論文を読んで、中国の江南地方でも十五夜に里芋を供える習俗があることを知り、これだと思いました。ですから、モチなし正月は古く中国にもあった可能性があり、その習俗の残存は、日本の農耕儀礼の多様性を示すものではあっても、縄文のイモ畑作論を支える論拠にはならないと思います。

5　日本文化の深層と多層

石井　ところで、歴史学界では、このところ社会史がよく話題にされましたが、これについてはどうお考えですか?

都出　私は、社会史そのものは有効だと思っています。ただ、その潮流の中で、「日本文化の深層」をテーマとする議論が一時期ありましたね。

私は、そこでいわれる深層という概念の使用は、民俗学や人類学の立場からならまだいいとしても、歴史家の場合には、深層ではなく文化の多層と捉えなければいけないと思う。というのは、歴史学は時間を実証できる学問だからです。たとえば、この生活様式は古代からあったけれども、この生活様式は中世から始まったというふうに編年的に実証できるはずです。

石井　ウーン、歴史学を文献史学と捉えた場合、文献だけで生活様式のあり方を時間軸の上において明らかにできるかどうか。近世史以前についてはとても無理だと思う。そこに考古学の成果を導入できれば別ですが……。

都出　私も、その克服には文献史学と考古学、さらには民俗学・人類学の協同がぜひ必要だと思います。たとえば、下駄をテーマにした場合、考古学から下駄がどの時代から出てくるかは実証できます。また、古代には右用と左用とあったのが、鼻緒が真ん中について両用に使えるようになった変化の時期もわかります。しかし、それを履いた階層や、履いた人間のしぐさまでを究めるのは無理です。ですから、下駄ひとつをとっても、学際的な協同が不可欠です。

それから、日本民俗における生活様式の東西の違いをいう場合、民俗学ではよくイロリとカマドの例をあげて、東のイロリ、西のカマドといいますが、考古学の立場からすると、旧石器時代から縄文・弥生時代まではすべてイロリなんです。そして古墳時代の半ば、五世紀になって、渡来系の文化として日本にカマドが入ってきて、近畿地方から九州地方を中心に広がります。その後、六世紀までの一〇〇年間に北は岩手県から南は宮崎県北部までカマドになってしまう。北海道と南西諸島には入っていません。この状況が少なくとも平安時代まで続く。その後も西日本はずっとカマドですが、東日本ではいつの頃からか、イロリに転換するのです（一四一頁の図参照）。

この例からもいえるように、歴史家の方が日本文化における東西の違いについて言及される場合には、民俗学が明らかにしている事象を時間軸で押さえてほしい。非常に古くまで遡れるものと、中世頃からでてくるものとを同列に論じてはいけないと思います。

6　災害復興と文化財の発掘調査

石井　ところで、考古学と現代社会との関わりについて考える場合、大きな被害をもたらした阪神大震災は、考古学にとっても重要な問題提起をしていると思います。特にあのような極限状態の中で市民の方々が文化的余裕などもてない状況下で、復興計画に伴う発掘調査などはどうあるべきでしょう?

都出　震災が起きてから明日でちょうど五カ月目になりますが、復興と発掘との関係は重要な問題です。

私の大学も豊中市にあって被災しました。研究室の書棚は全部倒壊し、ひん曲がって使い物にならなくなってしまいました。あの地震がもし昼間に起きていたら、私の命だってどうなっていたかわかりません。身内や友人も被災したので、私は震災直後の倒壊した家々の間を歩いたのですが、その惨状をみながら思ったのは、復興時の発掘はどうなるか、ということでした。

現在、文化庁が苦労して発掘のガイドラインを作成中ですが、長期の大規模復興事業の場合を除いて、個人の家やアパートの緊急な改築などの場合についてはできるかぎり生活優先で、発掘は極力迅速にやるか、ときには発掘を省くという方針をだしています。発掘費用も公共団体が支出するというものです。私もそれでいいと思います。

それから、あのとき、人文科学系の研究者でいち早く立ち上がったのは文献史学の人たちでした。文書史料や有形文化財の散逸を防ぐために努力されました。また、文化遺産の保存のために、各地からボランティアで来られた文化財のレスキュー隊の方々が大変活躍されました。自治体によっては、水や食料が先決だと、彼らに冷たい反応をみせたところもあったようですが……。

石井　私どもの博物館でも、情報資料研究部の神庭信幸さんがレスキュー隊として参加しましたが、なかなか難しい問題もあったと聞いています。

都出　じつは、文化財保存が社会問題化しはじめたのは、今から約三〇数年前、私がまだ学生の頃です。その頃から開発の手段がクワなどからブルドーザーにかわって、丘陵が一気に切り崩されていくのですが、古墳を守るためにそれを止めようとして、何を邪魔するのかと、ブルドーザーで追われたりしました。それ以前にも、必死に懇願しても了解が得られず、何度か農家の方にクワで追いかけられました。

そういう体験を通じて感じたことは、文化財保存のための発掘が理解されるためには、それを受け入れる経済的・文化的余裕が社会にどれだけあるかがポイントになるということです。

7 二一世紀の考古学の体制

石井 以前、ある方から言われたのですが、大規模な遺跡がでるとジャーナリズムで大きく取り上げられ、全国から大勢の人が見学に訪れる。その結果、現場の数少ない考古学の専門家は、もっぱらハンドマイク片手に見学者に解説するのに追われ、掘り上げられた大量の遺物の整理は二一世紀までかかってしまうだろう。一体、これでいいのかと問われ、行政発掘の場合、ともかくまず保存の決定が緊急の課題で、それをしないとすべてが無に帰してしまうから仕方がないのでは、とご返事したのですが、考古学の体制は今後どうなっていくでしょう?

都出 今、全国の発掘調査員は五〇〇〇人をこえ、年間の発掘件数も三万件になろうとしています。発掘予算も一千億円を突破しました。

しかし、発掘件数と予算が膨大になる中で、発掘の内容が機械主義的になっているという問題があります。何のために掘り、何を明らかにするのか、そこからどういう情報を引きだして、どんな研究をするのか、といった発掘の原点が希薄になっている。

その現状を私の友人のイギリス人がレポートし、日本の考古学者は「成功の犠牲者」であると書いています。

石井　成功の犠牲者？

都出　つまり、研究のための膨大な予算と人員を獲得したのは成功だが、その資料を分析する余裕もなく、資料が埋もれたままになっていて、創造的な学問をつくりあげていないという批判です。私は今の体制が必ずしも全面的に悪いとは思っていませんが、この指摘はまさしくそうだと思います。

そして、この問題を克服するには、現在のあり方をもう一度見直して再編成し、大学と埋蔵文化財センターが協同できるようなシステムをつくらなければいけません。

石井　それが、二一世紀の考古学の体制になるでしょうか？

都出　それを実現するには、いろんな難しい問題が横たわっていますが、現状のままでは大学も埋蔵文化財センターもだめになってしまいます。

今、国立考古学研究所の構想がありますが、私は、そういう一点集中ではなく、北海道から沖縄までを六ブロックぐらいに分け、ブロックごとに大学や埋蔵文化財センター・博物館などの共同利用機関を作るのが夢です。

8 過去と現代を結ぶ博物館

石井 考古学への関心と理解を深める上で、博物館が果たす役割は大きいと思いますが、都出さんが博物館を作ろうとされたら、どんな内容のものを構想されますか?

都出 日本の歴史博物館は、あまりに通史展示にこだわりすぎています。しかし、博物館は現代と過去との対話の場だと考えると、もっと現代人が関心をもっているテーマ、たとえば男女や家族の問題とか、権力と国家の問題、戦争、芸術の問題などをヨコわりでテーマ別に考えてはどうかと思う。

こういう手法でやれば、文献史学の人も考古学の人も民俗学の人も共同でアプローチでき、学際的な研究が活発になると思います。

また、基本的には展示を通して自己の主張を押しつけるのではなく、考えるための材料を提供するのが博物館の役割だと思います。ただし、それは、見る人に一切イメージを与えてはいけないということではありません。見る人も、土器や石器をとりまくまわりの状況がなければ考えようがありません。ですから、ある特定の解釈だけを提示してはいけないということであり、ある事柄について解釈が複数あるならば、その全部を紹介すればよい。

石井 都出さんには、こんど、歴博の共同研究にご参加いただくことになっていますが、歴博の展示をごらんになってのご感想はいかがですか。

都出 ここの展示は、さすが歴史を考えようということがベースになっていますから、ずいぶん工夫がされていると思います。今日も、新しくできた近代の第五展示室を拝見しておもしろかったのは、出口近くの浅草の映画館の前にある薬屋さんの展示ですね。

石井　あっ、そうですか。どんな点で?

都出　避妊具の広告などといった卑近な話題とビジュアルな工夫によって、時代相をずいぶん大胆に示されていますね。

石井　ありがとうございます。ただ、一方では、きれいすぎて匂いがないのでは、というご批判を受けましたが……。

都出　匂いのことでいいますと、イギリスのヨーク市のバイキング・センターでは、八世紀のバイキング時代の村を発掘当時のままに残し、一部は保存処理して遺構もみせ、その隣に村を等倍に復元して展示しているのですが、そこには匂いがでるところがあるんですよ(笑)。

復元された村の中を小さな電気自動車でゆっくりみて回るのですが、そこには藁ぶきの家もあれば、靴をつくる蝋人形の職人もいる。そして家の横には便所があって、蝋人形の男が用を足している。そこへいくと、匂いがでるんです。イヌやニワトリの鳴き声など村の喧騒も再現して雰囲気をつくっています。

この博物館は、嵐の日以外は行列ができるほど人気があって、日本人の観光客も年間一万人いくそうです。

ややディズニーランド的なところがあって、賛否両論ありますが、いろいろ大胆なアイデアをだし合って、日本の博物館もお互いに競い合ってみることが大事ですね。

石井 なるほど。やはり、これは歴博の展示のほうも、リニューアルを本当に真剣に考えるべき時期にきていますね。

（『歴博』七三、国立歴史民俗博物館、一九九五年一〇月所収）

第4章　アイルランドの水——ヨーロッパの畑作

水

ウィスキーが川になって流れている。そんな錯覚を覚えた。茶色の水だが、濁ってはいない。透明度はすばらしく河底の小石の一個一個まで識別できる。

そこはダブリンの北五〇キロほど、スレインという田舎の町、アイルランドでも大きな河として有名なボイン河の岸辺であった。道に迷ってブッシュの切れ目を進んだ私の眼前に姿をあらわしたこの水には、その後もアイルランドのいたるところで出会うことになった。

土地の人に聞くと、泥炭層が発達するこの国では、地下水がピート土層の中をくぐりぬけてくるから、水が茶色になるのだという。試しにグラスに入れて透かしてみたが、確かに濁りはない。そのまま飲んでも問題ありませんよ、とも言われた。この水で割ったウィスキーを飲むとピートの香りが高くなる気がした。

今から一〇年も前、新石器時代の墓の調査のために岡山大学の近藤義郎氏とともにヨーロッパ各地の遺跡を訪ねていた頃の体験である。スコットランド北端のオークニー群島の島を歩いた時も川の水は茶色だったと記憶する。ここもピート地帯だった。

潅漑用水

アイルランドの水で驚いたのは色だけではない。私たち日本人にとってなじみの深い潅漑用水路というものを見かけることがなかった。遺跡調査という仕事の性格から、都市よりも農村地帯をかなりよく歩いたし、東部だけでなく、西部のスライゴ州やメイヨウ州も訪れたが、行くところ、牧草と麦畑はあっても潅漑用水路にはぶつからなった。この国には氷河が残した湖がやたら多いが、それも潅漑に活用されることはなさそうだった。ここでは川や湖はマスを釣り船を走らせる場であり、牛や馬に水浴びさせるところなのであった。アイルランドは雨が多い。メキシコ暖流と寒気団とがぶつかる地理的な条件もあって、天候の変化は激しく、夏など五分降って三〇分晴の繰り返しで、しょっちゅう美しい虹を見た。アルプス以北のヨーロッパの畑作は天水潅漑に依存する度合が高いが、この国はとくに雨に恵まれ、人工的な潅漑用水を発達させる必要はない。

日本はいま田植えのシーズンである。この時期のイネには水がたっぷり要る。農地が少なくなった都市近郊でも、この季節には、たんぼに張った水が、あちこちに大きな鏡を作って美しい。少ない水を個々の農家に効率よく配分するために水路が縦横にめぐっている。私の子供のころは、大阪でも見渡す限りの平野が水の反射で銀色に輝いていた。こんな光景は、しかし、アイルランドにはない。それはヨーロッパの畑作地帯に共通することでもある。

人口密度

これと関係するのが人口密度だ。二度目にアイルランドを訪れた時は、一つの遺跡を二ヵ月ほどかかって調査するという計画で、我々六人編成の日本人調査隊はダブリン西北ミース州のケルズ近くの農家に泊めてもらった。低い緩やかな丘陵の起伏、牧場の境界の緑の生垣、そして作物の色の違いのパッチ・ワークが地形にアクセントを添える以外は、どこをむいてもよく似た単調な景色である。そんな農村の一角に農家はあった。

となりの家まで数百メートルはあろうか。正確な保有面積は聞かなかったが、隣接する農家と境をなす小さな丘全体がその家の所有する牧場で、そこには、たしか牛が十数頭、羊が数十頭ほどいたと記憶する。猫のひたいほどの土地にしがみついてひしめいている日本人には、この広さのゆとりは、うらやましいものに見えた。しかし、この広さに付随する別の情景があることをやがて知ることになった。

ある日、ここに一人の少年が訪れた。この家の小学二年生の男の子の学校友達という。どこから来たの、と聞くと山の向こうからという。数キロ離れた隣り村から自転車を走らせてきたらしい。私たちがいた村にも学校があるがカソリック系で、宿泊先の農家はピューリタンの少数派。遠くの町の学校にバスで通っていた。だから、この家の子は村の中に友達をもっていないらしい。日本にはない宗教問題をまじかにみたと思った。

　人間の数がこんなに希薄で、人と人との物理的距離がこんなに遠い生活は、私には初めてだった。日本なら野良仕事をしながら大声を出せば隣人と話ができる。ここではトラクターを運転する隣人は声の届かないぐらい遠くにいる。だから農家の人々は夜になると、お互いに訪問しあって高緯度地帯の長い夜を楽しんでいるようだった。ムラの十字路の小さな教会の近くに、十人分のとまり木のある薄暗いパブがあった。私も時々立ち寄ったが、そこは農家のおじさんたちの溜まり場で、珍しい日本人をすぐに歓迎してくれた。夜はいつも繁盛していたから、昼間離れている彼らの交流には欠かせない場になっているのだろう。

　人口の希薄さは、ここアイルランドに限ったことではない。一般にヨーロッパの農村地帯は大なり小なり似たようなものである。ムギの畑作地帯とイネの水田地帯の人口支持力の違いは大きく、水稲は畑作の二〜三倍の支持力があり、人口密度が高くなるということは高校の地理の授業で習った覚えはある。しかし、生活体験を通じて、その違いを初めて肌で感じた。

水田と畑

　水に話をもどそう。滝漑用水が不要な社会では、農業用の水路を切り開いたり、これを維持管理するための共同作業が欠ける。農家の人が集まる先程のパブでの話題の中に牛がいくらで売れるかとか、飼料を共同で購入すればどれだけ安くなるとかの話は出ても、滝漑用水の維持管理の相談はない。この点が日本などアジアの水稲地帯と異なる点であろう。もちろんアイルランドにもヨーロッパ各地と同様に船舶用の運河が各地に掘られており、その維持管理は政府の重要な仕事ではあるが、それは農業用水ではない。日常的な農業の場を通して農民どうしが協力しあい、また規制しあう契機は、日本よりうんと少ないのである。

それは農民だけでなく、都市に住む人を含めて、個の尊重をめぐる人間関係の大きな違いに結びついていると思う。

この人間関係の違いは、かなり昔にまでさかのぼるものであろう。集落や墓など考古遺跡の分布を五万分の一の地図に落としてヨーロッパと日本とを比べると、単位面積あたりの遺跡密度で日本は、はるかに高い。人口密度の差が今に始まったことではないことを教えてくれる。

私は、日本の農耕社会の始まりを考古学の立場から研究してきたが、ヨーロッパとアジアとの比較はたえず念頭にあった。日本人が二千年前の弥生時代に水稲を選んだことが、その後の日本文化にどんな影響を与えることになったかについても興味があった。一九八九年にまとめた『日本農耕社会の成立過程』（岩波書店）では、人工潅漑をもつ日本社会の特性を農業・村落・交易などに焦点をあてながら、この問題にアプローチしてみた。この文を書きつつ、いつもアイルランドの牧草と畑の風景が頭から離れなかった。

近年、日本史研究の世界で「水田中心史観」の克服が叫ばれ、畑作の比重を重視せよとの提唱もなされた。水稲偏重の単一文化論を批判する試みも活発だ。この議論のなかで、モチなし正月など畑作物を主体とする農耕儀礼が解明されたり、これまで軽視されていた文化の諸側面が多様に明らかになってきたのは喜ばしい。しかしながら、もっと大局的に世界史的な視野から眺めれば、日本人が水稲を主体として、これに畑作を組み合わせるという、かなり集約的な農業を二千年前にすでに始めたことの史的意義は大きい。水稲主体が基礎にあったからこそ、高い生産性と人口密度を基礎に数百年の短期間に巨大な古墳を作る社会を生み、やがては古代律令国家が誕生したのである。

（一九八九年執筆）

第Ⅱ部　クニのはじまり

第5章　日本文化起源論と歴史学

本章は、一九八六年五月一八日の講演記録をもとに、一部削除・加筆をおこなったものである。

1　古代史とナショナリズム

ジンバブウェの国名起源　このテーマにはいる前に皆さんにクイズを差し上げたいと思います。「世界において考古学上の遺跡の名前が国の名前になっている国があります。それはどこでしょうか。」……。実は先日、私のいる研究室で同じ質問をしたら、イスラエルだと答えた人がいます。この人は比較的勘のいい方だと思いますが、残念ながら正解じゃない。イスラエルは古代の王国の名前であっても、遺跡の名前ではないんですね。

正解は、ジンバブウェであります。ジンバブウェと言いましてもどこかなと思う人もあるかと思いますが、ケープタウンの東北二〇〇〇キロの地です。南アフリカ共和国では黒人の人種差別問題が非常に深刻な段階に至っておりますが、その北の方の国であります。このジンバブウェはその名前を知らない人もあるように一九八〇年に独立した国であります。それまではローデシア共和国と呼ばれておりました。このローデシアは白人が主導権をもって一方的にイギリスから独立した国であります。黒人と白人の対立問題が深刻なのでお互いに仲良くしなさいという融和政策をイギリス政府がやろうとしていた。それに反発する白人が中心になって、住民のたった五％を占める白人が、うちたてた国であります。その後、これに対抗して黒人が、自分たちの政権を樹立した。これがジンバブウェであります。大統領はムガベという人でありまして時々不安定な政情も伝えられますが、現在のところは一応安定しているようであります。

このジンバブウェという名前は、この地域に住む多数派の部族の人たちの言葉で「石の家」という意味であります。実はここに非常に重要な遺跡があります。一三世紀、日本の鎌倉時代に当りますが、この地に栄えた王国がありまして、その王国が残した石造りの城壁や町並みが残っている。これは、一八世紀に発見されたんですが、発見したヨーロッパ人は、アフリカの部族民に、こんな立派な建物が作れるはずがない、こんないい遺跡が残せるはずがない、だからこれはかつてのフェニキュア人が海からやって来て作ったものであるとか、要するにアフリカの黒人の先祖が作ったということを否定していたわけであります。それが一九世紀になりまして、イギリスの考古学者が系統的に調査する中で、現地の黒人の祖先がうち建てた、非常に立派な城壁をもつ都市的な遺跡であるということがわかってきました。そこでジンバブウェは、その独立にあたって国の名前を自分たちの先祖の栄光を示す昔の遺跡の名前に因んでつけたわけであります。

私は、ここで、クイズのタネアカシをしておかねばなりません。これまでお話しした、ジンバブウェに関することについては、奈良国立文化財研究所の田中琢さんが、「考古学とナショナリズム」という題の論文で詳しく述べています。岩波書店の講座『日本考古学』第七巻の論文ですが、ちょうど、明日が店頭に発売される予定の日であります。興味のある人は是非お読みくださ い。後に述べる、イスラエルの考古学についても田中さんから教わったことが多くあります。ジンバブウェの人にとっては、独立国家の統一のシンボルとして、先祖の栄光の時代のモニュメントが重要な役割を果たした。別の言い方をすれば、独立国の成員が、自らの存在の歴史的根拠を、ここに求めようとした。つまり、「民族のアイデンティティ」のよりどころとしたわけですね。

「民族のアイデンティティ」なんて言うと、日本では中曾根さんの専用語のように思われているが、本来は、そうではない。ジンバブウェなどの新興の独立国においては、自らの存立の根拠をどこに求めるかは、極めて重要な課題となります。

自分たちのルーツはどこにあるか、自分たちが民族として誇りを持って生きて行くよりどころは何か、つまり、自民族をどうアイデンティファイするか、ということがこの言葉本来の意味であります。それが現在の日本では、国家主義的な意味あいを込めて使われ始めているわけであります。

イスラエル・アメリカ・アイルランド　ここで別の例を出しましょう。さきほど触れたイスラエルもまた、自分たちの国家のアイデンティティを古代に求めている民族であります。ユダヤの人達が新しい自分達の国家として、一九四八年にイスラエル国を樹立しました。これには長い歴史があります。一八世紀にヨーロッパの諸民族のナショナリズム運動が盛んになって、それぞれドイツとかオーストリアとかが近代民族としての国家を打ち建ててきます。そうすると、それまではユダヤの人々はあちこちの都市に住んで貿易活動を中心に活躍していたわけですが、ヨーロッパのそれぞれの国のナショナリズムによって追い出されていったわけであります。それの一番極端なケースがナチスによる迫害であります。第二次大戦後、ユダヤの人たちは自分たちの国を建てようということで、パレスチナを選んだ。そこは古代イスラエル王国の根拠地であります。逆にこのことが、アラブの人たちに対して大きな問題を引き起こすわけであります。ユダヤの人たちにとっては確かに自らの祖先の土地と信じるところの土地に、古代の王国にちなんで国を建てる、それは理由のあることでしょうが、その土地には今住んでいる人がいる。それがアラブ系の人たちであって、それが現在アラブ・イスラエル問題、パレスチナ問題であります。

このイスラエルにおきまして、皆さんよく御存知のダヤンさんって人がいますね。一九八一年に亡くなったんですが、ダヤン・ルックが一時日本でも若者のあいだではやりました。このダヤン将軍というのは実は考古学マニアだそうです。もう一人の人物がおります。ヤディンというイスラエルの副首相を務めた人でありますが、この人は実はヘブライ大学の考古学の教授でありました。このようにイスラエルにおいては、将軍や閣僚に考古学者が進出するほど「古代」が大きな位置を占めている。これはさきほど申したことからいえば当然であります。考古学が、ジンバブウェと同様、ナショナリズムを支えるものになっているわけであります。

ここで少し話題を変えましょう。これとは対照的な国がある。アメリカ合衆国であります。二年前に私、ボストンに行きました。私の知り合いのアメリカ人がボストンにおじいちゃんがいるから一度訪ねて行きなさい、名物の伊勢海老ぐらい御馳走してくれるだろうということでしたので、私も食い意地がはっておりますので訪ねて行きました。そうしますと地下鉄の駅に車を止めて待っていただいておりまして、さあ乗りなさい、あなたは考古学者らしいからこれから遺跡を案内してやろうというわけです。私は喜びましたが、どこへ連れて行ってくれたかといいますと、まず最初は第二代大統領の住んでいた家です。それから、車でちょっと行くとアメリカの独立戦争の時に激烈な戦闘になった場所なんです。そんなとこばっかりなんですね。私は考古学をやっているものですから、もっと古い所を見せてくれると期待したわけです。ところが時計づくりの職人さんであった、普通のアメリカ人のそのおじいちゃんにとっての遺跡はそういう所だったわけです。私はこんな体験をあまりしたことがなかったので非常に面白いと思いました。アメリカ人にとってアメリカの歴史は、イギリスから独立以後の二百年間の歴史であります。したがいましてアメリカにおいて考古学の研究対象は主としてアメリカ人が建国をするずっと以前、コロンブス以前のインディアンの研究であります。ここにおいては、イスラエルやジンバブウェとは非常に違った考古学が行われております。良くいえば、研究態度が非常に客観的なんです。研究対象は自分の民族の祖先じゃないんですから。アメリカインディアンは他民族ですから、クールな目で過去の民族を見ることができます。しかし、まるでチンパンジーの研究と同じようにインディアンを対象化しています。ここにひずみが生れます。アメリカのニューアーケオロジー運動というのが六〇年代に起りましたが、それはこの問題と関係します。日本の考古学と比べますと方法論は随分違っております。今日はこの話には深入りできませんが、これは考古学の研究姿勢や方法論が民族によって違うということの一例であります。

では、欧米の考古学はナショナリズムを意識しないのかといえば、そうではありません。私はアイルランドの遺跡調査に行ったことがあります。この国の考古学者達はイギリスに対して強い異和感をもっております。いつか酒を飲んでしゃべっている時に、日本は一時アメリカに占領されたことがあるといったとき、「私達は何百年間もイギリスに占領されている。」と即座に答えが返ってきました。これはアイルランドの人が書く考古学の論文を読んでおりましても感じることです。たとえばイギリスの巨石文化とほとんど同じ時期に、アイルランドにも巨石記念物とかお墓があるわけですが、その起源がどこにあってどういう系譜からできてきたかという論文などを見ますと、アイルランドの人が書くものには、自国のものがイギリスよりも古い、こちらが先だと主張したものがある。何を根拠にしているかといいますと、C14年代の測定値なんです。あれは誤差がありまして、三〇〇〇年ぐらい前ならプラス・マイナス数百年の誤差があるわけです。

イギリスから出てくるデータもアイルランドから出てくるデータもほぼ同じ様な誤差を持っておるわけです。その誤差の幅の古い方にもっていきますと、アイルランドの方が古いものもある。これに対してイギリス人はイギリス人でまた、同じように水かけ論をやることがある。ちょうどこれを見ておりまして、日本の古代国家の形成をめぐる論争と似ていると思いました。古代の東アジア史について中国の学者、あるいは朝鮮民主主義人民共和国、あるいは大韓民国の学者とではいろんな見解の相違があります。

先般奈良県の藤ノ木古墳のことが非常に話題になりました。あれは途中で発掘が中止となりました。これにはいろんな原因があるようで、マスコミが少し騒ぎすぎたことも一つの大きな原因でありますが、韓国の新聞に次のような論調が出たのは御存知でしょうか。あの藤ノ木古墳の発掘が中止された真の原因は、もしあれ以上掘っていくと新羅の物ばかりが出てくる、これは日本の起源、日本人のルーツを考える上で非常に危険であると、日本の政府及び学者が判断してあの発掘を中止したんだという解釈の論説であります。同じ趣旨のことはつい十日程前のジャパンタイムズにも、韓国に駐在している欧米系のコラムニストの論説として載っております。

いろいろと話題を出しましたが、まさに民族文化の起源ということが非常に現代的な問題であることがいいたかったのです。また、これが日本だけの問題ではないということを申し上げたわけであります。日本の場合には民族問題としてアイヌ問題、沖縄問題、それから在日朝鮮人問題があります。ところが、この問題が歴史学で、あるいは考古学で、充分に取り上げられていない。

もちろん取り上げられてはおりますが、果して充分正しい形で議論されておるかということを、私自身も含めて、反省するわけであります。

2　日本文化起源論の現状

天皇制の圧迫　これまで述べたことを導入といたしまして、「日本人・日本文化起源論」の問題に入っていきたいと思います。この問題については少し研究史的に考えてみたいと思います。

我々が現在依拠しておりますいろいろな古代史、あるいは考古学上の、あるいは歴史学上の学説、これは第二次世界大戦前にすでに基本的な骨格ができているわけであります。この研究において戦前の日本が、現在のような象徴天皇制ではなくて、元首天皇制の建前であったことは見逃がせません。帝国憲法の第一条において「大日本帝国ハ万世一系ノ天皇之ヲ統治ス」と、こう規定されていたということは、古代史の研究に非常に重要な意味をもちます。日本民族あるいは日本文化の起源を議論する際にも最初からこの制約があるわけです。日本民族の起源論にとって、万世一系の天皇の先祖である神武天皇、神武天皇のさらにまた先祖である天照大神、これはやはり無視できない存在だったのです。古代史、考古学の研究はそれに少しでも抵触すると押さえつけられました。また日本人の祖先に対する愛着を傷つける主張も圧迫を受けました。

たとえば日本に考古学を導入したということで有名なエドワード・モース、彼も受難しているんですね。彼は大森貝塚を掘りましたが、出土人骨の中に刃物で傷をつけたものがあるということから、当時の人たちは人を食ったんだ、食人があったということを論文に書きました。一般に目のふれない論文に書いているうちはまだよかったんですけれども、大勢の前でそのことを講演したわけですね。そうするといろんな人が聞いてびっくりしたわけです。そこでまず日本人の驚きは、「わしらの祖先に限ってそんな蕃人ではない」という素朴な疑問でありました。「お前は日本人の祖先を侮辱するのか」ということですね。それからモース糾弾が始まるのです。モースは日本に進化論を紹介した最初の人なんです。そういうことから同じ欧米人でもモースを良く思わないクリスチャンなどがいたわけですね。クリスチャンの中で、進化論は自らの敵であると考えた人が、「モースをやっつけてやれ」ということで、日本人と一緒になってモース糾弾運動をやったわけです。それでモースはその食人の問題については、論文には書いておりますが、それ以後は講演ではもうしゃべらなくなった。大森貝塚の骨はその後の研究で食人がまだ確認されていないということらしいんですけれども、縄文時代、それから古墳時代にまでですね、食人の風習があるということが近年の人類学の研究でわかっております。

ただし、びっくりされない方がいいと思うんですけれども、食人には二種類ありまして、飢えて食べたというのと、もうひとつは偉大な人の霊力を継承したいというために、たとえば村長さんが死んだ時にその骨をみんなで削る、あるいはその肉を食べる。そうすると偉大な霊力が乗り移るという信仰が、世界の各地の諸民族の習俗の中にあります。縄文の食人、あるいは古墳時代の食人もそういうことだろうという風に考えられております。少し脱線しましたが、要するにその時にモースが糾弾された原因はやはり、「我が祖先を侮辱するな」と、そういう発想であります。

あるいは久米邦武と津田左右吉の事件、これはみなさんもよく御存知でしょう。久米邦武の場合は、「神道は祭天の古俗」という論文を発表して、それが当時神道国教化を進めていた明治政府とか神道家には非常にけしからんものであったから、東京帝国大学の先生を追放されたわけであります。あるいは津田左右吉は日本書紀や古事記を厳密に史料批判をした。史料批判しなければちゃんとした歴史を描けないんだという、それを書いたためにやはり大学を追われています。こういうふうなことがありますと、誰だっていやですね。私だって今日ここでしゃべっていることが原因になって、「お前はけしからんやつだ、大阪大学を追放する」、など言われるのはいやです。すぐそれが現実化されなくても、そういう脅しが手紙で来たりすると、やっぱり身構えるでしょう。久米とか津田ほど極端でないケースはいっぱいあるわけです。考古学でも戦前にそういう圧迫を受けて自分の本を書き変えた人が何人もいます。

先住民論争　天孫民族のデタラメを当時の学者がわかっていなかったわけではけっしてない。神さんが高千穂に降りて来て、天皇の祖先になったというようなことを、すべての学者が本気で考えていたわけではないと思うのですが、やはり黙ったわけです。このような政治的な制約がありましたから、日本民族起源論では、天孫民族以前の先住民は誰かという議論が、戦前におきましては主流でありました。アイヌ説、コロボックル説等々ありましたが、一九四〇年段階には清野謙次さんの原日本人説が唱えられました。この清野さんの特色は、それまでの人類学の人と比べますと、人骨をまともに研究したわけですね。頭蓋骨の高さや幅などの計測を厳密にやりまして、統計的な処理をしたために、科学的な人類学的研究になった、そういう点で画期的な仕事であります。清野さんの原日本人説というのは、縄文時代、清野さんは石器時代という言葉を使っておりますが、石器時代に原日本人、現在の日本人の元になるようなものが出来上がった。そこから枝分かれして、ひとつはアイヌの方にいった、ひとつは現在の日本人の系統につながった、そういう考えですね。その間に、アイヌ人たちが現代のような人類学的特徴を備えるようになるには、周辺の千島とかカラフトなどの人たちとの混血があった。現在の日本人の主流になった人たちは、やはりその後の渡来人、大陸系の渡来人との混血を通じて、混血・進化していった、というふうに考えたわけです。これは現在の高等学校の教科書の定説ですね。

いっぽう大正年間、一九一五〜一六年代になりますと、実は弥生文化というものに稲作があるということが主張されるようになってまいりました。こういう研究を実証的にさらに進めたのは森本六爾さんなどの学者であります。こうして縄文時代は狩猟採集社会である、それに対して弥生社会は稲作である、そういう考え方がほぼ戦前一九四〇年代には出来上がったわけですね。ただしその場合にもやはり、天孫降臨説話との調整が必要になります。たとえば鳥居龍蔵さん、人類学者でもあり、考古学者でもありますが、その人が『有史以前の日本』を書きまして、苦労して調整したわけですね。縄文狩猟採集社会というのは、実はこれは古事記や日本書紀にでてくる蝦夷であったり土蜘蛛であったり隼人、そういう人たちあるいはその先祖である。それに対して国津神というのが弥生人である。これは面白い議論ですよ。しかし、戦前の日本がいう天孫民族は弥生人ではないんです。天孫民族はさらに弥生人の上に乗っかるという説明なんです。だから普通の民衆は国津神ですね。それが稲作をやっている農耕民である弥生人、こういう説明をしたわけです。実はこういう古い考え方がまた最近形を変えて出てきているんですね。

旧石器時代の確認　戦後の研究は、一九四五年が出発点です。天皇制は存続しましたが、象徴天皇制になりました。天孫降臨説話を説かなければ大学におれない、そういう状況ではありません。戦前の反動から、江上波夫先生の有名な騎馬民族説も登場いたしました。しかし、戦後の日本民族起源論での最も重要な成果は、旧石器時代の確認、岩宿の発掘によって、縄文以前の生活があるということがわかったことです。最近では岩宿よりまだ古い石器が東北地方などで、確認されております。ここで重要なことは、縄文以前に日本列島に人が住んでいたということ、それからもうひとつは、縄文時代の開始にあたって、新しい技術が伝わったということがわかり始めているということです。これについても少し論争がありますが、たとえば縄文土器の起源。縄文土器は、C14年代で測定いたしますと、紀元前一万六千年という、そういう値が出てくるわけですね。世界の土器をさがしましても、そんな古い値をもつものはつい最近までなかったのです。西アジアのジャルモ遺跡なんかでも、紀元前七千五〇〇年ぐらいです。それに比べると縄文土器はるかに古い。そういうことから、梅原猛先生なんかは、日本は古いと、喜ばれるわけですけれども少し待って下さい。最近シベリアでやはり古い、縄文土器とほぼ同じ位のC14年代をもった土器が見つかったそうであります。古い縄文土器もこれまではアジアの中で孤立しておりましたが、やはりシベリアから東北アジアにかけてのひとつの共通の文化圏の中で、生れだしたようであります。現在のところは、縄文土器はシベリアから来たとも断定できないし、あるいは日本で自生したとも断定できない。縄文文化が成立する前後のひとつの文化交流圏ですね、その範囲の中でどうも古い土器があらわれたらしいということがわかってきたのであります。したがって縄文時代の成立についても大陸文化との交流を考えるべきだということですね。

弥生渡来人　それからもうひとつの問題は、弥生時代の開始にあたって、一定の渡来集団がいたということが、最近かなりはっきりしてまいりました。これについても、人類学の研究者で意見の違いがあったんです。弥生時代の開始にあたって、人類学的な特徴の変化がある、たとえば、その一番大きな変化は身長が伸びるということですね。これは、西日本でも関東でも、弥生時代の人骨を調べますと、おなじ現象がみられるんですが、東大の鈴木尚先生は、縄文人が農耕に移って米を食べだして、栄養がよくなって、ちょうど現在の若者がどんどんどんどん身長が伸びているのと同じような現象が弥生時代の開始にあったんじゃないか、そういう説明をいたしました。あるいはみなさんも高等学校の歴史の時間にそういう説明を聞かれたかもしれない。

ところが別の意見もある。たとえば山口県に土井ヶ浜という弥生時代の初めの遺跡があるんですが、そこの人骨をみますと、平均身長が大体一六三センチあるんです。男で。女性の場合は一六一位です。大体、縄文時代の平均身長が一六〇センチ位です。だからちょうど私などは縄文時代にいたら「低いな」といわれなくてもいいわけでありますー（笑）。ところが土井ヶ浜の弥生人骨には、二センチか三センチの伸びがある。これを金関丈夫先生は、長身の特徴は朝鮮半島から新しい長身の渡来人がやって来た結果であると説明した。ところが、古墳時代になりますと、必ずしもずっとそのまま一六三を維持しないんですね。その後少しまた一六二とか、ちょっと落ちていくわけです。しかし縄文よりは高い。そのことから金関説はさらに言う。つまり、長身の人の要素が弥生の初期に渡来者として加わったけれども、その後こういう集団移動が継続的にずーっと行われなかったために、この形質はだんだん薄まっていって、また低くなった。しかし縄文よりは高い。こういう風に説明しています。鈴木先生もこの問題については沈黙を守っていて、金関・鈴木論争なんていう風なことを他の人々はいっておったんですが、どうも最近鈴木先生も、金関説は西日本についてはいえるのではないかということを発言されたようでありまして、弥生渡来人に関しては金関説の方向で落ちつきつつあるようです。

弥生時代の開始期に渡来者がいたことを示す別の証拠は、墓制の変化です。弥生前期から近畿地方に存在する方形周溝墓の墓制は、縄文にはつながらない。お墓というものは非常に保守的な習俗でありまして、今まで土葬にしていた人がちょっと気が変って明日から火葬にする、とこんなもんじゃないですね。他界観など思想的な問題が基礎にあるからだと思います。方形周溝墓に似た墓制が中国とか朝鮮の、弥生時代より古い時期にあるもんですからやはりこれも渡来人がやって来た証拠になる可能性がある。

弥生時代前期の九州に支石墓という墓制があるんですが、これも朝鮮半島の南部に似たものがありまして、縄文時代にはない。これもやはり渡来系の人の墓だと思われます。

こうして、考古学、人類学ともに、弥生渡来人について肯定的な考えを強めているのが現状であります。

日本人起源についての新学説　日本人の起源論を考える上で最近のもうひとつの注目すべきことは、縄文人やアイヌの人達の系譜についての人類学的研究の新しい説が登場したことであります。古代遺跡出土の人骨の時代的変化や地域差についての埴原和郎さんたちの研究、あるいは東アジア諸地域の現代人の血液型や抗体ウィルスなど遺伝形質の分布についての尾本恵一さんたちの新しい解釈論などが、その基礎となっております。

たとえば、現代日本人の血液型を調べると、A型が西に多く、東に少ない。西高東低の冬型の気圧配置に似ている。このような地域差はどうして形成されたのか、などの議論もおこなわれている。これらの研究の成果については埴原和郎編『日本人はどこからきたか』（講談社、一九八四年）にわかりやすく紹介されております。

その結論を簡単に要約しますと、東アジア・太平洋地域に分布するモンゴロイドには新旧二つのタイプがあり、縄文人は古いタイプに属し、弥生・古墳時代に、大陸から新しいタイプのモンゴロイドが渡来して、とくに西日本人の人類学的形質に影響を与えた。さきほど申しましたA型の西高東低も、これと関係するのではないかというのであります。

東アジア・太平洋を取り巻く地域のモンゴロイドの進化について、古いモンゴロイド、新しいモンゴロイドの二類型を設けて説明するというのは、なかなか興味深い仮説であります。

では、新モンゴロイドとは何か？　私をながめて下さい。特徴は、まず胴長短足、顔は偏平で、デコボコが少ない。目はくりくりと丸いものではなくて、細長い。こんな特徴は、私だけではなくて、現代日本人の平均的な姿であります。

埴原さんたちの仮説というのは、このような新モンゴロイドの特徴は、約二万年前の最も寒冷な氷河期を生きのびた東北アジア人のなかで形成されたのではないかというのです。むずかしく言うと、生物としての人間の「寒冷地適応」によって形成された特徴だというわけです。シベリアでは現在でも冬になりますとマイナス四〇度になります。それが氷河期にはさらに八度ぐらい低いわけですから、こういう寒冷地の中で、人間は生きていくために寒さに耐える為の形質を備えるようになった。という説明であります。胴長短足がどうして、寒冷地に適応できるかというと、要するに足が長いと体の表面積がちょっとでも多くなって熱が逃げやすいというのです。それから顔のデコボコが激しいと凍傷になりやすい。だから偏平な方がよい。それから目が細いと冷たい空気に触れる面積が少なくて済む。ここまできますと話ができすぎていて「ホンマかいな？」と思うんでありますが（笑）、そういうふうに埴原さんは説明しています。

新モンゴロイドは二万年前に誕生したのですが、古いモンゴロイドはそれ以前に東アジア・太平洋地域に分布していた人類、寒冷地適応をとげるまえの人類であるという。縄文人は、二万年以降に生きたにもかかわらず、二万年以前すでに日本列島に住みついていた古いタイプのモンゴロイドの形質を継承しており、新モンゴロイドの影響を受けていない人だというのです。オセアニアから沖縄などの南島地域、あるいは北海道のアイヌの人たちも、古いモンゴロイドの特質を強く残していて、新モンゴロイドの影響は少ないと埴原さんは説明します。

この新しい学説によりますと、戦前から指摘されていたアイヌの人たちと沖縄の人たちとの自然人類学的な共通点についても、うまく説明ができることになる。

この説をとり入れると、アイヌと縄文人との関係についても、再検討が必要になる。昭和年代に入ってからの研究では、アイヌの人たちの人類学的な形質と、縄文人や現代日本人との間に大きな差があるということの方が強調されてきましたが、埴原さんの新説によれば、縄文人が母胎になって、一方は北海道を中心に小進化や混血の結果アイヌの形質が形成され、他方西日本では、弥生時代以降の渡来人との混血や小進化の結果、新モンゴロイド的形質が濃厚となった。という説明となります。つまりアイヌの人たちを人類学的に孤立したグループとする考えに見なおしを迫っているのであります。これが日本人の起源に関する近年の新しい学説であります。

3　純潔日本文化論への疑問

今年（一九八六年）の建国記念日に反対する大阪集会で江口圭一さんが講演なさいました。それを聞いていた方は、よく覚えておられると思いますが、日本の場合には、クニということばが、いろんな意味で使われている。日本国政府の「国」、「あなたのおくにはどちらですか?」のクニなどいろんな意味がある。江口さんは、「日本のクニということばの中に、英語で言うと、land, country, nation, state, この四つの意味が含まれている」ということを、いろんな材料をあげながら、お話しになりました。非常におもしろいお話でした。このことは、『歴史地理教育』（三六三号、一九八四年）に書かれております。興味のある方は読んで下さい。私は、江口さんのおっしゃった四つに付け加えて、さらにもうひとつ、folk をあげたいと思います。folk の中には、国民とは異なる意味の民族という意味が、含まれております。あるアメリカ人が、書いておりました。日本人に、「アメリカ人は、魚を生《なま》で食べますか?」と聞かれたというんです。この質問は、非常に答えにくいものであるというわけですね。日本人の多くは、アメリカ人というと、イギリスから独立したアングロ・サクソンの移民たちを主として思い浮かべるわけです。けれども、アメリカ合衆国には、イタリア系の移民とか、あるいはドイツ系の移民、あるいは中国系、あるいは日系、そういう人たちがいて、一緒にひとつの国家を作っている。多民族国家です。魚を生で食べる人、食べない人がいる。私がたまたま親しくしているアメリカの友人は、イタリア系の人で、その人の場合は、たとえば自分の出身は、系統は、という時には、"My folks are from Italy" という答え方をするわけですね。その場合には、folks であります。United states の中に、いくつもの folks があるわけですね。ところが、日本の場合には、その区別を、つい最近まで明確にしなくてもすごしてこれたわけですね。日本列島が、まわりを海で隔てられている、これは、ひとつ重要な要素であります。しかしこれだけだったら、イギリスといっしょですね。ところが、イギリスの島には、かつてケルト、ローマ、アングロ・サクソンの侵入がある。新しくは、ノルマン・コンクエストがあります。現在のイギリスの王室の先祖は、征服王朝であります。したがって、folk とか nation という意味内容が、厳密に使われざるをえないのです。私もおそまきながら七年前に経験したことですけども、スコットランドでは、スコットランド銀行が紙幣を発行している。それは、エディンバラなどのスコットランド地域では使えるが、ロンドンでは使えない。ロンドン発行のイングランド紙幣、これはスコットランドでも使える。アイルランドのダブリンでは、イングランドのコインが使えた。しかし逆は使えない。こんなことからイギリスの民族問題を知ったわけであります。スコットランドやウェルズでは弱いながらも独立運動があるそうです。

では、日本国はというと、みなさん、どこまで日本国だと思いますか？　この質問は、二〇歳前後の皆さんには緊張感がないかもしれない。一九七一年、沖縄返還協定が成立しまして、沖縄県として、本土に復帰しました。それまでは、日本国はどこまでですか、ということを我々は緊張感をもって語ったんですね。本州の場合は、単に島国であるというだけではなくて、他民族による長期の征服の経験がない。たとえば、蒙古襲来で、もし、あの騎馬部隊が、鎌倉殿を攻め滅ぼして何百年と言わずとも、百年でも、二百年でも、日本列島の中心部を支配していたら、おそらく、folk とか nation についての我々の考え方は、変わっていたでしょうね。

「祖先史」としての歴史学　日本は単一民族であるという発想は日本歴史を研究する姿勢にもあらわれてきます。みなさん、どうですか、歴史の研究は、我が祖先の歴史を明らかにするためにやっている、こういうふうに思っている人が多いのではないですか。だから過去に対して、何か心情的なんですね、愛着があるんですね。正直に申しますとやはり、私も、日本人の祖先に対して古代人に対して愛着をもっています。

ところがイギリス人の場合は少し違うのです。かつて、私の友人のイギリスの考古学者が日本に来たとき、関西の発掘現場に案内しました。日本では破壊される遺跡の調査費を開発側に負担させて多額の予算を使っている。イギリスでは、緊急調査の予算は少ない。

彼は、これをみて驚いた。彼はどう言ったと思いますか。「日本人は、大昔の遺跡を自分の祖先のものだと思っているから、これだけ文化財調査に金を出すのではないか」と。

イギリスも遺跡の保存には、ゆきとどいた行政の体制があります。しかし、遺跡を残して継承するときの「過去の遺産」に対する態度は、日本の場合と、少し違うのです。ケルトもローマもアングロ・サクソンも、過去の文化遺産としてほぼ同等に扱われていますが、歴史的遺産について、クールな、つきはなした姿勢をもっていると私は感じました。

祖先の歴史ということに関してもう一つ、郷土愛から歴史を研究するという出発点がある。郷土、country ですね。昔風の郷土史の研究姿勢です。しかし、これは必ずしも、郷土史の独占物ではないのではないかと思うのです。

たとえば、考古学をやっている人間の中でも、関西人は、だいたい弥生以降に興味があるんですね。それに比べて、関東の人は、縄文文化に強い関心をもっていますね。同じ西でも九州の人は、「金印」や「甕棺」の時代の弥生文化にものすごい関心を持つけれども、九州が劣勢になった古墳時代をやる人は少ない。考古学者で有名な何人かの方を思いうかべて下さい。たとえば、山内清男という縄文土器の研究を大成したあの先生は、やはり関東の人です。森本六爾、弥生文化研究の先鞭をつけたこの人は、奈良県の出身です。やはり自分の郷土が非常に栄えた時期に、なぜか愛着をもつ。

もちろん、研究資料が身近に多くある、ということは大きな理由です。しかし、それ以外のものがあるのではないか。関西で近世史をやっている人の中には、近世大坂に対する興味や愛着から出発した人が多いのではないか。わが祖先、わが出身地、そういうふうなものが、何かすっと入ってくる。私も自分がそういう浪花節的な要素を持っていることを認めます。これは研究者の出発点として、私は大事なことだと思っているんです。しかし、それを一度は突き放して考えてみた方がいいんじゃないか。

「民族」と「民俗」の混同　日本の歴史学では、民族の問題をつきつめて考える研究姿勢が弱い。アイヌ問題、沖縄問題、在日朝鮮人問題が存在するにもかかわらず、この問題が歴史研究の中で必ずしも、本流になっているとは言いがたい。

さて、この問題を考える上で、近年の網野善彦さんの発言は注目すべきでしょう。網野さんは次のようなことを言っていますね。「日本人は昔から一民族で、水稲耕作をみんなで一生懸命やってきました、などというところに安住してすましかえっているわけにはいきません。」「縄文・弥生の時代にまでさかのぼる東国と西国の社会そのものの構造、民俗の違い」がある。「（南北朝内乱期までの）日本の社会はそれ以後と比べてまだ一個の民族体として十分のまとまりをもたず、「東国と西国は、……別の『文化』をもつ『民族』で、別個の国家になる可能性は十分あ」った（『日本中世の民衆像』岩波書店、一九八〇年）。

現在までの日本の歴史の研究というのは、水稲農耕民の文化の研究が中心である、それを網野さんは水田中心史観というわけですね。そこで、畑作であるとか、あるいは漁民であるとか、海民であるとか、そういう人たちが忘れられている。この網野さんの指摘は非常に重要でありま す。したがって日本歴史における民族の問題を再検討してみようということには先ほどから申している意味あいから私も賛成です。ところが、網野さんの場合には、「民族」と「民俗」、この二つが十分に区別されているようには思えないんですね。ほかの文献もみてみました。網野さんが立派な本を去年出されました。『日本中世の非農業民と天皇』。これも最後の章に次のような記述があります。「中井（信彦）が浮び上らせた『習俗の次元』は、これまで私が茫漠たる事実の列挙によって『民族史的次元』といってきたことと、ほぼ完全に重なる……」「俗」と「族」はほぼ重なるというんですね。

たしかに、畑作が関東に卓越しているとか、そういうことを重ねていきますと地域差がありま す。私は文化習慣の違い、生業から宗教儀礼まで含めての習俗の違いを考えること、これは賛成なんです。ところが、「民族」の違いをいうには、人種・言語の違いまでやはり吟味する必要があるんですね。とくに言語が重要です。たしかに、東言葉といわれる、関東方言が古くから成立していたこと、これは実証されているわけです。しかし、これは民族の差になるような違いなんでしょうか。それを言いだすと、薩摩や津軽まで、「民族」に分けなければいけませんね。非常に短い文章の引用で恐縮ですが、網野さんはやはりここで「俗」と「族」の違いを厳密には論じていないんです。だから、網野さんは、主観的には単一民族論批判で意欲的だと思うんですが、さきほどあげましたような議論がある中でこれが出てくると話が非常に混乱していきますね。

文化複合論と民俗学の方法　あるいは、つい最近出ました民博の佐々木高明さんの『縄文文化と日本人』も、この点で注意すべきものです。縄文文化を人類学者の立場から大局的に把握しようとした意欲作でありますが、いまの議論に関していうと、網野さんの考えに賛成して、東西日本のこの二つの差は二つの異質の文化だというのです。「日本文化は稲作文化と非稲作（畑作）文化という少なくとも二つの異質文化によって構成される。長い歴史の過程の中で対立・抗争し、終局的には非稲作文化は稲作文化のなかに同化されていった」ということなんですね。はたして異文化の対立があったのでしょうか。これを考えるために少し方法論的な話に移りましょう。

実は、網野さんは、歴史家の中では珍しく日本民俗学の方法論・知識を身につけた人です。佐々木高明さんも、やはり地理学者であり人類学の方法を体得された方でありますす。ここでいう網野さんとか佐々木さんたちの文化というもののとらえ方には人類学でいう文化複合という考え方に近いものがある。実は、この文化複合（Cultural Assemblage）という考え方は考古学でも使っております。たとえば、磨いた石斧と打製の石鏃、それから縄目のついた土器、こういう文化要素を複合したものを縄文文化という文化複合と呼びます。これは考古学で我々が文化というものを定義していく時の一つの作業過程であります。そういう意味では、私は「文化複合」という捉え方に対して異を唱えるつもりはありません。

ところが考古学とか、あるいは文献史学からやる歴史的な研究では、時間ということを重要視しますね。磨かれた石斧、あるいは曲物《まげもの》、こういうようなものがいつから出てくるかというようなことを、大切に考えるわけですね。だから、打製石鏃という縄文時代に使われた物と、中世に使われだした曲物という容器と一緒に組みあわせて議論しないわけです。これは時代が違うものである。こういうものを文化複合にはしない。これに対し、民俗学の場合、現在生きている人たち、あるいは、おじいちゃん・おばあちゃんが伝承としてもっているいろんな記録・記憶、こういうようなものを総合していって近い過去の習俗とか宗教とかを調べますね。柳田国男さんが、日本の古来の伝統文化というのは稲作がベースになっている。こう主張したのも、近世から近代にかけての農村の習俗を調べ、その習俗は古来の伝統的なものを基礎にしている。それは、ずっと遡っていけば弥生までいく、こういうとらえ方をしたわけですね。

ところで、民族学や民俗学の方法では、現在の資料から出発するので、伝承によっていくとせいぜい三～四世代、百年くらいですね。したがって、そのそれぞれの要素がいつ成立したか、水稲と畑作とどちらが古いかということは民俗学の方法そのものからは決まらないわけです。民族学や民俗学のこの方法は、さきほど私が申しました古モンゴロイド・新モンゴロイドの比較研究における遺伝子分布の研究方法と同じなんです。つまり、血液型のAの分布が西高東低であるということ、そのことから新しく入ってきた新モンゴロイドはA型が多かったんだろうという、こういう仮説をたてて推論していくわけですね。あるいは、柳田国男さんは『蝸牛考』、かたつむりの方言の地域差の研究ですね。あれは非常におもしろい論文でありますが、かたつむりという言葉の方言をいろいろ調べていくと、周辺地域に古いものが残っていて、関西などの中心地域に新しいものがある。方言周圏説という有名な方法論を唱えました。要するに、分布の違いを時間の違いに置き換えていく解釈ですね。だから民俗学の方法では、時間が決めにくいところをそういう分布の差から類推していく方法をとるわけです。

したがって民俗学は考古学でとらえられない、あるいは文献の記録に残っていない習俗とか信仰なんかを研究するのに有効なんですが、やはり弱点は時間が決めにくいことであります。

水稲文化と畑作文化の対立はあるか　佐々木高明さんあるいは網野さんなんかは畑作を非常に重視します。畑作の文化、水稲の文化、こういうふうに対比的な捉え方をしますと、単純化すれば、東と西というふうにたしかに分かれるのです。網野さんなどは中世の貢納物のなかに水稲以外に畑作物を納める地域がたくさんあるのではないか、こう言います。それはそうなのです。ところが、残念ながら網野さんは考古学者ではないから、中世までしか遡れないのです。最近の考古学の研究によりますと、関東地方においても、弥生時代、古墳時代にかなり水稲が普及していることがわかってきました。群馬県の弥生時代、古墳時代の水田が火山灰の下から出てきたのです。基本的には水田なのです。さらにおもしろいことに、古墳時代には、だだっぴろい水田のはしっこに畑があって、畝を作っているのです。畝立て法が古墳時代からあることもわかりました。だから古墳時代の群馬県の人たちは低地では、水田中心、畑作従属という生業形態をやっていて、少し高い台地では畑が中心で水田が従属、こういう農業をしていた。

ところが文献史料で中世や近世を調べていきますと、群馬県はほとんどが畑作であります。それは、この間に転換が起こっているのであります。これは中・近世の研究者の御意見を聞きたいですが、私が一つ考えていることは、やはり灌漑水に恵まれない台地の生産性の低い稲作では、近世の作物として競争に勝てなかった。だから桑とか畑作の商品作物が、卓越していくことになった。それと、もう一つ大きな理由は平安時代に大規模な火山活動が起こって、かつて水田であった所を全部、埋めこんでしまっている。したがって、詳馬県においては、ある時期に水田だったものが、畑作に転換した。ところが新しい中・近世のデータや民俗学の調査だけを見ておりますと、あたかも群馬県は畑作卓越地帯である。昔からそうだったとなってしまいます。ここで重要なことは時間の軸であります。このように時間の軸を重視して研究していきますと、はたして畑作と水稲という文化の対立というものが、ほんとに日本の歴史で起こったのでしょうか、これはやはりじっくりと考えてみたいと思います。民俗学的な方法で、最近百年間の文化要素で稲作と畑作をみてゆくと、日本列島の中で、稲作だけ営む地帯、畑作だけ営む地帯というように対立した関係にあるかのような錯覚におちいり、その結果あたかもそれは東西文化の違い、文化の対決のようにみえるのです。

以上を要約しますと、網野さんのおっしゃる、単一文化論批判の主張は、現在の日本の状況を考えると、極めて重要であります。しかし、これを民族論の次元で研究する場合には、習俗や民俗の違いと峻別する方法論が必要となります。これをあいまいにしたのでは、かえってミイラとりになるだろうと思うのです。さらに、時間軸を大切にして、異なった時代の地域差と混同しないことが大切だと思います。

文化類型論と歴史主義　これまで、「日本文化論」について、歴史家の発言はそんなに多くあるわけではありません。「日本文化史」の研究はあります。ところが「文化論」という枠組になると、とたんにヨーロッパ文化やインドや中国の文化と対比した文化類型論が、がぜん幅をきかせてくる。「菊と刀」「タテ社会」など社会学や社会人類学の人の発言がめだってくる。文化類型の比較そのものを嫌う歴史家がいますが、私は、そうではない。文化の類型比較の研究の中には、日本の封建制の遺産に対する批判において本質をついたものがあると、私は思います。

ところが、文化の類型比較をやる研究者の中には、日本文化の中で、時代が変化しても変わらない、超歴史的なものを捜そうとして失敗しているケースが多いと思うのです。日本的な「和」の精神を縄文文化の中に求める、という発想などはその最たるもの、その戯画化されたものであります。アイヌや縄文の社会にあるという、「和の思想の源流としての生命の一体感」（梅原猛著『日本の深層！　縄文・蝦夷文化を探る』佼成社出版、一九八三年）なるものは、狩猟・漁労・採集の比重が高い世界各地の民族において認められる共通の現象です。自然のリサイクルの法則を知って、乱獲をしない、動植物を大切にする、動物に対するアイヌの熊送りのような儀礼をする、これはアイヌや縄文の社会の独占物ではありません。

文化の類型比較をするには、世界各地の個別の民族がたどった、個別史の研究が基礎にならねばならない。文化の類型比較の場合、おうおうにして、歴史的変化が軽視されることが多い。歴史主義の欠落です。

ところが、これとは逆に、日本史の学界では、日本の中での歴史的変化には極めて鋭敏であるにもかかわらず、他民族の歴史の発展との比較史的観点が弱いのではないか。これは黒田俊雄さんが指摘した、「国史」としての日本史という伝統と関係がある。

現代の状況との関わり　いま本屋さんにゆくと、日本文化論の書物は花ざかりですね。「菊と刀」

「タテ社会」「甘えの構造」など古典的なものは再版を重ねております。それだけではない、「縮みの日本文化」や「母性的日本文化」など様々なものがあとに続いている。玉石混淆ですが。「日本文化の固有性」とかそういう類の本が実に多いのです。これはやはり日本人の中で海外旅行をする人が増えたり、企業の海外勤務が増えたりして、カルチュアショックで日本文化とは何かということに関心がある、これが基礎にありますが、それだけではない。日本固有文化論を奨励するような風潮があります。

　これは、中曾根さんに代表される政府の文化政策とも密接に関係します。政府は、すわ一大事の時に備えて、国民精神の統合を重視しています。統合の一つの原理は、天皇を中心とした民族的統合であります。しかし中曾根さんは決して靖国神社に参ったり君が代を普及していっただけで日本人はうまくまとまるというふうには考えていないと思います。

　それは一つの原理にすぎない。もう一つの原理は比較文化の視点です。国際化した日本人の文化を国際的な比較の中で見ることである。いまや、「経済大国が、文化の時代に入った」というわけです。日本の優れた伝統文化を称揚する、それこそが日本人のアイデンティティの確立につながる、こう思っているのではないでしょうか。だから、梅原さん達が重宝がられるのだと思います。私は今日の話の冒頭でジンバブウェとかイスラエルの話をしました。ジンバブウェの人たちにとっては、ジンバブウェの遺跡がよりどころになって、現在のナショナリズム、ジンバブウェの独立国家の一つの精神的よりどころになっています。イスラエルもそうです。そうだったら、日本もどうして過去の伝統的文化を誇ってはいけないのか、伝統文化の研究を大切にしてどうしてだめなのかという人がいるでしょう。私は誇ってはいけないとは思いません。民族的誇りをもたない人は少ないでしょう。私たちの生活の出発点は私たちの祖先が築きあげてきた文化的伝統のなかにあると思います。私たちがなにか新しい事をやる場合でもたえずそこに遡っているわけです。もちろん、封建的人間関係という、克服すべき遺産を含めた伝統でありますが。

しかし、自分の民族文化を大切にする、ということは、他の民族文化をも尊重するということではないでしょうか。海外旅行の最中に、疲れている時、長期滞在の日本人の家に泊まって、久しぶりに日本語を話し、ミソ汁を飲んで、ジャポニカの米の茶漬と塩ジャケをたべてほっとした経験のある人なら、他民族の母国語の重要さやキムチやスパゲッティの大切さがわかるはずです。

他の民族の文化を尊重するかどうかは歴史の研究にも深く関係しています。もちろん考古学の研究とも深くかかわります。その一例をあげて結びとしましょう。

かつて清野謙次氏は原日本人説というものを出しました。これは当時の人類学において正しい資料操作で組みたてられた研究ですが、清野氏はちょうど十五年戦争に突入していた一九三八年にその原日本人説に基づいて次のように主張しました。「日本人は日本国に於て初めから結成されたものであった。日本人は断じてアイヌの母地を占領して住居したものではない。日本人種の母地日本人の故郷は日本に人類が住居して以来日本国である。」日本民族が、日本列島に渡ってきた多様な人々の混血によって生まれた事実、アイヌ民族が和人によって土地を奪われた事実が、清野氏の研究では抜け落ちたのです。それだけではありません。「我等の祖先は気宇広大で能く他人種を容れて自己の種族に同化した」、混血によって他種を同化して新しい日本人を作っていった、と主張するのです。清野氏はこう発言することによって、朝鮮支配や中国における他民族支配を合理化しました。旧満州国の創立においても、また大東亜共栄圏の建設についても、それを擁護する人類学者の論理を提供した。また生体実験が明らかになった石井部隊にも清野氏が人類学者として協力していたことが指摘されています（春成秀爾「清野謙次論」『縄文文化の研究』雄山閣、一九八四年）。日本文化だけでなく、他民族の文化をも尊重する姿勢を失うと、研究はとんでもない方向に進むことを理解していただけると思います。

◇　◇　◇

多岐にわたる論点を述べました。将来、研究の途中で、何かの壁にぶつかったときに、本日の論点の一つでもまた思い出して下されば、それほどうれしいことはありません。

（『歴史科学』一〇七、大阪歴史科学協議会、一九八六年一一月に掲載の内容を大幅に加筆・修正）

コラム

インディ・ジョーンズ

文句なしに愉快な活劇だった。考古学者が主人公のドラマと聞いてのぞいたが、途中から発想を変えて理屈抜きに楽しんだ。

古代から秘匿されて眠る聖杯を求める冒険考古学者インディ。キリストの聖遺物を狙うヒトラーの戦車と素手の闘いまで演ずる。スリルいっぱい。場面展開はスピーディで飽きさせない。

いくらインディが冒険考古学者とはいえ、彼に博士・大学教授の肩書を着せる設定としては困る場面がいくつもあった。カタコンベの奥深くに横たわる多数の人骨をガサガサと手でつかんで放り出す。伝説の十字軍騎士の石棺を見つけるや、いきなり棺の蓋を開けて中を物色し、棺をひっくり返す。藤ノ木古墳の発掘風景をテレビで見た人なら、インディのしぐさが考古学と程遠いことは理解できよう。

私たちはいま滋賀県八日市市の雪野山古墳を発掘中である。標高三〇八メートルの山頂まで麓から往復一時間。飲料水と重い器材を持ち、毎日がちょっとした登山だ。岩場に近い石段が途中にあり、転んで頭を打った人もいる。厳しい残暑と台風。前線の停滞で雷がやたら多かった。古墳のある山頂には落雷で枯れたらしい先の尖った裸の松が何本もあって不気味だ。

この古墳では三角縁神獣鏡を含め五面の鏡が石室にあった。インディは石棺を発見しても出土状態の写真さえ撮らないが、鏡の撮影と実測そして取り上げまでには何日もかかる。その間、夜間も山頂にテントを張って交替で見張りの泊まりを続ける。

ある夜は雷がひどく、生命の危険が生じたので若い調査員がずぶぬれになって一目散に山を駈け下りた。かっこいいドラマにはならないが、卑弥呼の鏡に近づくにはインディ顔負けの冒険が必要なのである。

(『神戸新聞』一九八九年一〇月二三日夕刊より転載)

第6章　弥生人とノロシ

この五月初め（一九八九年）、興味深い実験が行われた。山の上にある弥生時代の集落跡で火を焚いて煙を上げ、古代人のノロシ信号を再現しようという試みである。

その結果は五月一八日のＮＨＫスペシャル『よみがえる邪馬台国』のなかで紹介された。吉野ヶ里遺跡の発見が起爆剤となって再燃した邪馬台国論争へのアプローチの一つとして、倭国大乱期の戦争のもようを復元してみようというものだ。

実験の企画段階では私もお手伝いしたが、実際に推進したのは京阪神の若手考古学者と、実験結果を映像化すべく奮闘された大野了氏はじめＮＨＫのスタッフだった。

はたして大阪府枚方市の鷹塚山遺跡で発した煙の合図は七つの遺跡のノロシを媒介にして三二キロメートル上流の京都府木津まで五六分で伝わった。途中一ヵ所で、新しく建った団地のビルのために視界が遮られるというトラブルがあったが、そのロスを差し引けば約三〇分、つまり一遺跡あたり五分程度の時間で通信が伝達できるだろうというのは、実験にタッチした宇治田和生氏の意見である。

実験の映像は放送を通じて「古代への夢」をかきたてたにとどまらず、実験の過程で、これまでの研究の盲点もわかるという副産物もあった。

ノロシ実験の舞台となったのは、京都府と大阪府とにまたがる淀川流域の遺跡であった。弥生時代には水稲農耕が始まり、集落は水利に恵まれた沖積平野に営まれるのが普通である。ところが、弥生時代の中期から後期にかけて西日本各地では標高一〇〇メートルを越える高い立地にも集落が営まれる。これを高地性集落と呼んでいる。ときには三〇〇メートル以上の山の上にさえある。平野の水田との往復に極めて不便な場所にわざわざ住居を構える理由は何か。焼畑説、洪水回避説、祭祀場説など、様々な解釈が出たが、いずれも十分な説明を与えるものとはならなかった。

他方、高地性集落は弥生時代の一～二世紀に限られた現象であること、この時期には平野部の大集落もまた吉野ヶ里遺跡のよ

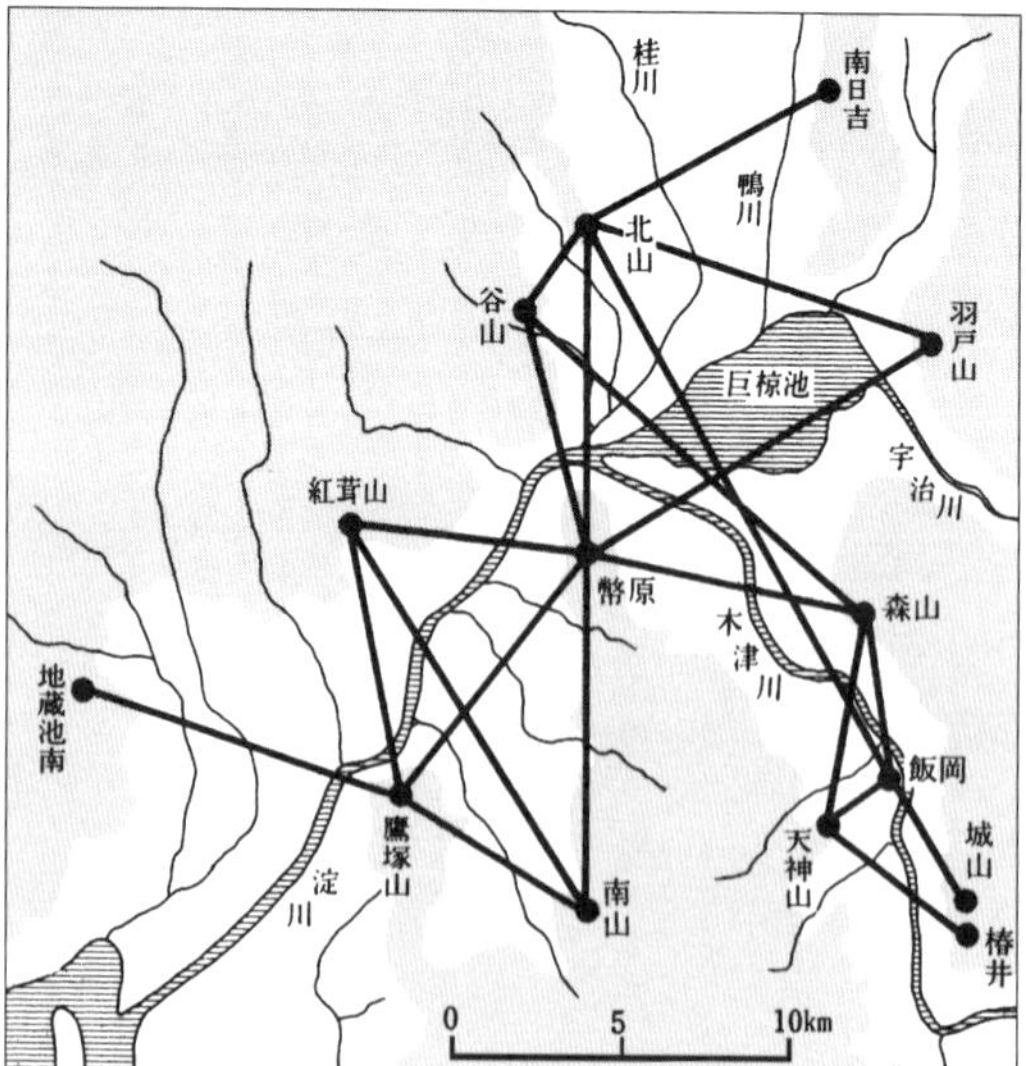

弥生時代後期の高地性集落

うに環濠をめぐらせ、防御施設を発達させていること、最古の前方後円墳が登場するころには高地性集落は一斉に姿を消していることが明らかとなり、この種の集落の出現を当時の政治的な動向のなかで解釈する視点が登場した。つまり「魏志倭人伝」などが伝える倭国の乱と密接な関連をもつ戦争時の逃げ城あるいは軍事通信用のノロシ場とする説が有力になったのである。そのことについては『日本農耕社会の成立過程』（岩波書店、一九八九年）にも詳しく触れた。

高地性集落には二種類ある。一つは平野からの比高が数百メートルもの高地にあるタイプ。竪穴式住居が数軒程度の小さい集落が多い。もう一つは、比高が数十メートルで平野との往復もさほど困難ではない、百人以上の人口を収容できる大きな集落もある。後者の場合は丘陵の断崖など要害の立地をえらんでいるものが多く、逃げ城になりうるものである。

これら二つのタイプ双方に共通するのは、眺望のよい立地条件にあるということだ。たとえば、今回のノロシ実験の舞台となった淀川流域の高地性集落のうち八幡市幣原《しではら》遺跡のすぐ傍には現代の電波通信塔が立っているし、枚方市鷹塚山遺跡の上にもかつて通信塔があった。他の高地性集落でも通信塔、あるいは近世に堂島の米相場を知らせる手旗信号の旗振り台となった場所と重なる遺跡が多い。つまり、高地性集落は眺望のよいところに立地して互いに情報伝達を担った可能性が高い。実際に火焚き場の跡（兵庫県会下山《えげやま》遺跡、大阪府鷹塚山遺跡）が見つかった遺跡もある。

もう十数年も前になるが、このことに気づいた私は、淀川水系にある高地性集落の一つ一つの上に立って互いの見通し関係を確認する作業に挑んだ。まず二万五千分の一の地図に遺跡の地点を書き込む。高地性集落には弥生時代中期のものと後期のものとがある。時期の異なるものは除外し、後期のものにしぼってみると十数ヵ所の遺跡が五キロメートルぐらいの間隔で点々と並んでくる。これを直線で結ぶと、地図上でチェックするだけでも互いに見通しがきく遺跡、途中に高い山などの障害があって見通せない遺跡、という関係がつかめる（一三〇ページの地図参照）。しかし、現地に立って実際に目で確認するまでは心許ないから、それぞれの遺跡に出向くことにした。

高地性集落は、名の通り訪ねて歩くには骨が折れる。自動車の入れない山道をよじ登ることも多い。私の愛用するバイクは、見てくれは良くないが山道には強くできている。草で埋もれたような道をギヤをローにしてできるだけ遺跡までの行程をかせぐことにした。こうして苦労して山上の遺跡に立っても、次の難題はスモッグだった。京都府よりも大阪府がきつい。見えるはずの数キロ向こうの遺跡がかすんでいる。おまけに私は近眼ときている。しかたなく望遠鏡に助けを求めて障害物のないことを確認した。

京都府綴喜郡田辺町の飯岡遺跡を訪ねたときの印象は今もマブタにやきついている。秋晴れで空気の澄み切った日、木津川を見下ろす丘陵の上に立つと、北は桂川水系の山、南は奈良県との境をなす奈良山が、肉眼でもくっきりと見える。北方はるか十数キロの向日市付近で工場の煙突から煙が立ち登るのを望遠鏡で確認できた時は、いまよりはるかに冴えわたった古代の大気のなかで、私よりもさらに遠目の効いたはずの弥生人のノロシはかくありなんと興奮を抑えきれなかった。

こんな作業を断続的に続け、半年ぐらいかかって十数ヵ所の遺跡のチェックを終えたころ、私のバイクはかなり消耗のあとを残していた。

今回のノロシ実験でも、以前に踏査した時のデータは大いに役立った。見通し関係のチェックがすでにできていたからである。しかしながら、ノロシの実験をするとなると、それは大事業だ。まず煙を上げる七ヵ所の遺跡のそれぞれに数人以上の人手が必要となる。ドラム缶の中で古タイヤを燃やして真っ黒の煙をつくる人。煙が効果的に上がるよう大きなベニヤ板で扇ぐ人。遠くの煙を確認したら、次の中継点に伝えるべく点火の合図をする人。またこの作業の進行をトランシーバーで結んで連絡する人。地元の消防署には火災との識別のために事前の連絡が必要だ。ノロシ実験は、こうして七ヵ所にはりついた大勢の人々の支えがあって初めて可能となった。

一日の実験だけでも、これだけの大騒ぎだから、弥生人のノロシはさぞ大変なことであったに違いない。攻めくる敵を前にした真剣勝負なのだから。

宇治田氏によると、古タイヤを燃やして煙を上げるまで、種火を準備し、灯油を浸ませたボロ布を利用して約五分の余裕をみておけばよかったという。

ゴムタイヤは黒い煙を激しく出して、明るい昼間でも目立ちやすく、現代の信号燃料には最適だが、古代では何を使ったのだろうか。漢代や唐代の中国文献には辺境の守りを固めるノロシ台で狼や羊の糞を乾燥させたものを使ったことが記録されている。狼の糞は煙が垂直に上がるのでノロシに適すると言い、ノロシを「狼煙」と綴るのはそのためだとの説もある。奈良時代日本の法令にあたる「軍防令」によると、燃料として葦を芯にして干し草を巻いて縛ったものと肥松《こえまつ》（たいまつ）を用いるとある。肥松は確かに黒煙をだす。

古代のノロシ（烽燧）制度については滝川政次郎氏の研究に詳しい。「軍防令」では、ノロシ台は十数キロメートルごとに設置し、一つのノロシ台に四人の担当者があたること、昼間は煙を、夜間は火をあげること、リレー式の伝達において、前方の発信者の合図が分かれば、後方の受信者は、「了解」の合図をして、さらに先に伝達すべきこと、曇天などで煙や火による伝達が不可能になった時は馬を走らせて伝えるべきことなど詳細な規定がある。こうして奈良時代には西は対馬の金田城から平城京までの約七〇〇キロメートルの情報伝達がノロシによって可能となった。いま鹿のいる奈良公園に飛火野の地名があるのは、当時は春日山にノロシ台があり、古代にはノロシを飛び火ともいったことによるらしい。

平安時代には、京の都に近い八幡市男山にノロシ台のおかれたことが記録にある。このすぐ南に弥生時代の幣原《しではら》遺跡があるが、どう考えても、眺望でもっと優れた男山の山頂に弥生時代の高地性集落があるはずだ。十数年来、私は男山山頂に弥生時代の遺跡を見つけるべく折にふれて訪れているが、まだ発見できない。石清水八幡宮の境内になっているため、すでに破壊された可能性もあるが、今後も夢を捨てないで粘りたい。

今回のノロシ実験を通じて思いついたが、煙を上げる場所はすべてが高地性集落でなくてもよいのではないか。平野部の低地の大集落に設けられたノロシ台を中継点として次の高地性集落に伝達してもよい。吉野ヶ里遺跡で発見された望楼的な見張り台が、平野部の環濠集落のノロシ中継において活躍した可能性もある。

また弥生時代の高地性集落が数キロおきにあること、平地にはもっと多くの集落のあることを考えれば、「軍防令」が規定するように十数キロメートルごとの点と点とを結ぶだけの一本の線による情報ルートだけではなく、一ヵ所で上げたノロシが数個のノロシ台でキャッチされ複数のチャンネルで伝達されるネット・ワークを考えたほうがよいかもしれない。

ノロシの技術は北米インディアンはじめ世界各地に認められるから弥生人が自分で考案した自然発生的な智恵かもしれない。しかし、軍事通信の手段として中国の漢代で重視された制度であったことを考えれば、弥生人が彼の地から学びとった可能性もあろう。

弥生時代のノロシ台が各地にどのように分布するか。それを畿内、瀬戸内、九州など、地方ごとに克明に調べれば、邪馬台国問題に近づく着実な一つの道がひらけるであろうと、夢をふくらませている。

（『図書』四八二、岩波書店、一九八九年八月の内容を加筆・修正）

コラム

定住と移動

本紙十一月二十四日の夕刊文化欄にのった早坂暁氏の文章は興味深いものだった。氏は、この二十数年をホテルで暮らしてきたという。高級ホテルは高くつく。しかし都心で管理のいいマンションを借りても同じぐらいの維持費がかかるのであれば、毎日清潔なベッドと部屋を確保できる快適な空間を遊泳しているほうがいいといぅ。住居に月数十万円というのは私などには縁遠い話だが、いわれてみれば、なるほど合理的な発想だと思った。

これを読みながら、狩猟採集民や遊牧民の生活を連想した。彼らに、なぜ同じところに定住しないのかと問うのは愚問だ。新しい獲物や牧草を求めて移動するのが生活の基本だとすれば、なぜ同じところに留まらねばならないのかと逆にこちらが反問されるだろう。

ホテルで暮らすには二つの条件が必要、と早坂氏は言う。所有物を極端に少なくすること、子供を持たないこと。狩猟採集民や遊牧民は持ち物を極力おさえ、移動に便利な革製のパオを運んだり、行く先々で木を切って簡単な小屋を建てる。彼らの社会では「不動産」を沢山もつことは美徳ではない。

日本列島でも旧石器時代の人々は、狩りをしながら移動した。縄文時代には植物食料や沿岸漁業の比重が増したので、定住性は強まった。弥生時代に稲作を始めてからは、耕地に執着する生活となった。さらに奈良時代以降は、田畑の収穫から確実に租税を納めさせるため、どの為政者も農民の移動を禁ずる政策をとり、定住は美徳とされた。

ただし考古学の発掘によると、庄屋のように三百年も続いた家は別にして、庶民の家や共同墓地が一個所に長く続いたものは少ない。平均して二、三代が多く、墓も百年ぐらいで放棄される。洪水や飢饉による移住が多いのだろう。

やがて産業革命の波。農業の比重低下は、定住への執着を根底から揺さぶっている。私など現世一代の家にはあいかわらずこだわっているが、短時間で見捨てられた墓を多く発掘すると、立派な墓を立ててほしいという気持ちにはなかなかなれない。

（『神戸新聞』一九八九年一二月六日夕刊より転載）

第7章　古墳がつくられた時代

1　人と人との交流

手鍋さげた弥生の花嫁

瀬戸は日暮れて　夕波小波
あなたの島へ　お嫁に行くの……

小舟や駕籠が飛行機やスポーツカーに変わっても、嫁ぐ花嫁、見送る家族の顔と顔。この風景は今も昔も変わらない。

大都市に各地の人が集まる現代では、東北の人と九州の人が結婚することはざらにある。しかし、ほんの百年前まではそうではなかった。

古代の人々はどれほど遠くの人と結婚したのだろうか。婚姻のありかたを調べることは、ムラの仕組みやムラどうしの交流を解きあかすうえで重要である。古代文献には断片的ながら通婚の範囲を語る史料がある。『日本書紀』の「雄略紀」が伝える次の話はその一つだ。

河内の飛鳥戸郡《あすかべのこおり》に田辺史伯孫《たなべのふひとはくそん》という人がいた。娘が古市郡の書首加龍《ふみのおびとかりょう》のところに嫁ぎ、男の子を出産したので婿の家にお祝いに訪ねた。月夜となった帰り道、応神陵の傍らですばらしい馬に乗った人と出会い、自分の馬と取り換えたが、翌朝みると、馬と思ったのは、はにわ馬だった。

飛鳥戸郡は安宿郡とも書き、今の羽曳野市飛鳥から柏原市国分の地をさす。古市郡は羽曳野市古市付近と考えられるから、直線距離では約四キロだが、応神陵の傍らを通ればもっと遠くなる。この史料は郡の境を越えて通婚のあったことを示す。

人名から、この縁組は階層の高い渡来系の人どうしと推定できる。仁徳天皇の皇后磐之媛《いわのひめ》が嫉妬で怒って、難波から山城国筒城宮《つつきのみや》（現京都府綴喜郡田辺町）に帰ってしまったと『書紀』は伝える。近畿北部に基盤をもった継体天皇が、近江の息長《おきなが》氏や、さらに東の尾張氏などの娘と婚姻関係をもったという伝承も支配層の通婚圏の広さを示唆する。

これらの話は奈良時代以前の実態の反映とみてもよいが、残念ながら庶民の場合は、なかなか良い史料に恵まれない。

ところが、文献史料のない弥生時代、意外な手がかりを与えてくれるのが日常的に使われた土器である。作る技法や文様を詳しく観察すると、土器は地域ごとの個性をもつ。土器の顔付きの共通性は、近畿ではほぼ旧制の郡の広さを単位としてあらわれる。当時の通婚圏を解明するカギがここに潜んでいると私は見る。

弥生土器は女性が作ったようだ。弥生土器と同じ技術で作った後世の土師器《はじき》が女性の手によって作られたことがわかっている。また世界各地の民族例でも自家需要の土器はほとんど女性が作者だから、技術は母から娘へと継承されるのが一般的だ。ときにはムラの広場でいくつかの家の女性が集い、井戸端会議よろしく集団で土器を作る。口うるさいおばあさんが、伝統からはずれようとする娘を叱る光景もあったに違いない。

顔付きの似た土器が一つのムラにとどまらず、郡ほどの範囲に広がることは、同じ土器作りの伝統をもった女性の日常的な移動範囲、つまり通婚圏が郡の広さに近かったことを示すのではないか。

タクアンやみそ汁の塩加減は家庭によって違う。雑煮に丸もちを使うか、切りもちを入れるかの地域差も大きい。同じ伝統をもつ人と結婚した場合はよいが、今日のように東京の人と大阪の人との結婚が多くなると、雑煮料理法の違いが夫婦げんかや嫁姑問題の種になりかねない。元日は丸もち、二日目は切りもちにして平和共存を維持する家庭も出てくる。

弥生時代にも似たことはあったのではないか。同じ土器作りの伝統をもつ郡ほどの広さの壁を越えて、外界の人どうしが付き合う機会は少数ながらあった。土器がはるか遠くに運ばれていることから、それがわかる。たとえば大阪の河内で作った弥生の壺が、はるか兵庫県の但馬地方や岡山県に運ばれたこともわかってきた。これは交換物資や贈答品の運送容器であろう。したがって経済交流とみていい。

これに対し、近畿の範囲内では壺・甕《かめ》・鉢・高杯《たかつき》など生活用品の一切が移動することがある。生活用具を携えた移動、つまり「手鍋さげてあなたのもとへ」と考えてよい。

この場合、花嫁は伝統の違う土地で土器作りを始めることになる。たとえば河内地方の土器が三〇キロ離れた和泉地方に多量に搬入され、人間の移動がかなりあったと思われる時期がある。弥生時代の中期、ほぼ一世紀ころのことだ。その直後から、河内で発達した簾状紋《れんじょうもん》というスダレに似たクシ描き文様が和泉でも比重を増し、この結果、和泉流と河内流との折衷型が生まれた。当初は嫁ぎ先の女性とのあつれきもあったであろうが、丸もちと切りもちの平和共存をなしとげたようだ。

これと対照的なのは北アメリカのプェブロインディアンの一八〜一九世紀の例だ。妻方居住婚のため、女性はムラの外に出ない。土器の技法や文様が外界とめったに混交しないから、ムラごとに個性の強い土器が生まれた。

これに比べて日本の古代では女性の対外交流は活発だから、婚姻形態は厳格な妻方居住婚ではなかったことを暗示する。瀬戸の島から島へお嫁に行った弥生の女性は確かにいたのである。

「東は東、西は西」なのか

数年前のこと、講義で訪れた東北大学の食堂で小さなミスをした。ソースの容器と思って注いだ中身がしょうゆだった。私の勤める大阪大学では、しょうゆよりもソースさしのほうが大き

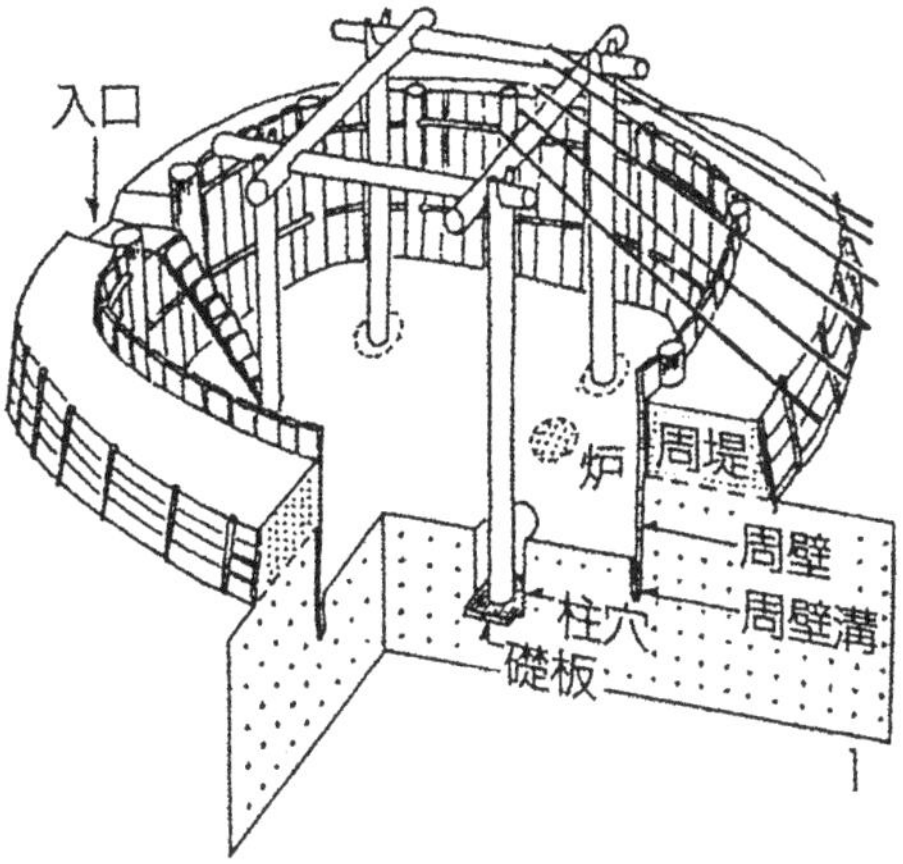

竪穴式住居の復原

い。関西の大衆食堂も大体そうだ。東北大は逆だった。大きいのはソースと決め込んだ私が間違っていた。

帰ってから食品統計を調べたら、一世帯あたりのしょうゆの年間購入額で、東北は近畿の一・五倍だった。魚の消費量ではサケは東日本、タイは西日本が優位である。みそや納豆は東に、酢は西に多い。

中部地方を境にして習俗や言語など東西文化に差のあることはよく知られている。

弥生時代の住居の平面形や柱の配置に、東西差は顕著だ。竪穴式住居の平面形や柱構造でも、はっきりとした差異がある。西日本では正方形や円形の住居が発達するのに対し、東日本では長方形や楕円形が卓越する。柱の配置もこれと緊密な関係がある。西日本では柱は住居の中央を心とした円周上に並ぶが、東日本では長方形や楕円形の短辺の中央を結ぶ線を対称軸に

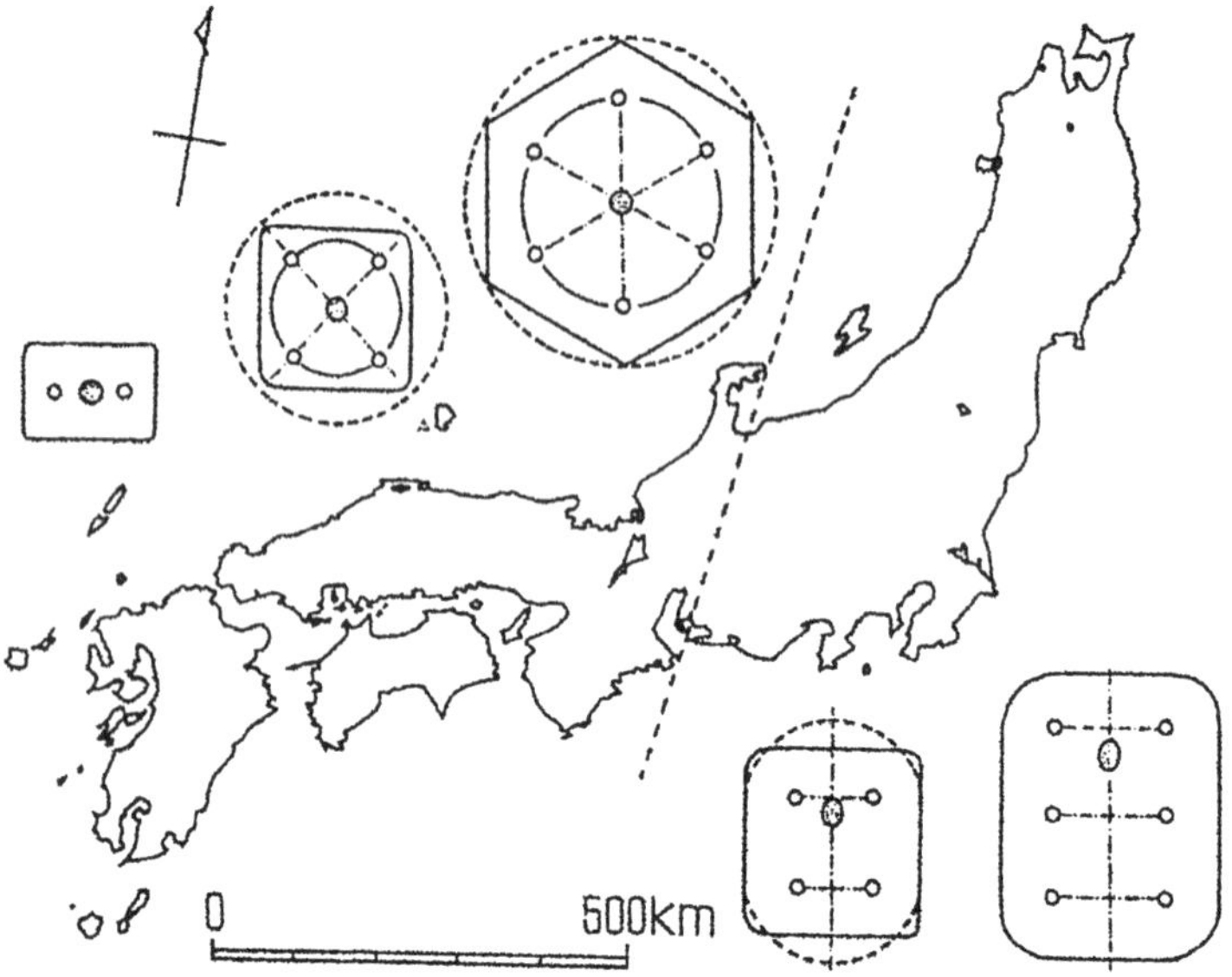

住居設計原理の２種類の分布

柱が並ぶ（一四一頁参照）。

炉の位置も密接に関係する。西日本では炉は住居の中心にあるのに、東日本では中央よりも奥まった場所にある。炉の構造も違う。西日本では直径一メートルほどの深い穴を掘って灰を詰め、この上で火を燃す。火鉢を埋めたような構造だから炉の中央は赤く焼けないのに対し、東日本では床面でじかに火を燃すから、発掘すると床に赤く焼けたあとが残る。縄文時代では炉が住居の中央より奥にあることからすれば、弥生の東日本は住居や炉に縄文の伝統を強く残したと言えそうだ。

ちなみに弥生住居の東西差は名古屋と富山とを結ぶ境界で分かれる。

習俗の東西差が太古から連綿と続いた

民族の違いと解釈する学者もいる。はたしてそうだろうか。考古学のように長い時間単位でものを考えると、習俗の地域差のなかには、数千年続いたものもあれば、せいぜい数百年の差でしかないものもある。

「西のヘッツイ（カマド）、東のイロリ（炉）」という言葉がある。一つの家に炉とカマドの共存例もあるにはあるが、この二つの炊飯様式の地域差は大きく、民俗学が好んでとりあげるテーマである。しかし、この違いも案外新しいものらしい。

炉は旧石器時代から使用された。縄文時代の日本列島どこでも住居の中に炉がある。弥生時代もこの習俗は続く。ところが古墳時代の中ごろ、五世紀になって朝鮮からの渡来人がもたらしたカマドが西日本を中心に急速に広まり、やがて東北から中部九州まで、竪穴住居の壁ぎわにカマドがとりつけられた。過渡期に炉とカマドとをともにもつ住居もあったが、やがて炉を駆逐した。こうしてみると、西日本のカマドは古墳時代に始まる新しい習俗といえる。

かたや東日本でも新来のカマドをもつ竪穴式住居は平安時代まで確実に存在した。ところが、その後また炉が復活する。つまり、東日本では旧石器時代から数万年以上も炉が続いたあと、八百年間ほどカマド時代となった。「東でもカマド」だったわけだ。従って「東の炉……」という先の言葉は、直接には復活イロリ時代を意味すると判断され、東西それぞれの前史を無視する結果となってしまう。

現代はガスレンジが普及してカマドも炉も駆逐され、炊飯様式の東西差はなくなりつつある。

これと同じように、カマドによる日本列島の均一化が古墳時代から平安時代のあいだに進んだことの意味は大きい。

カマドの風習は日本列島の中心から北へ南へと波及し、炉を駆逐した。炊飯の熱効率では炉より優れていたためであろう。しかし、カマド化の波が遅くしか伝わらなかった地域がある。北海道と沖縄県だ。

北海道では、土師器《はじき》と同系統の擦文《さつもん》土器が使用された奈良・平安時代にはカマドが一時流行したが、やがて廃れた。アイヌの人々が炉を愛好したことは有名だ。かたや沖縄県でもカマドの習俗は、うんと新しい。沖縄に住む考古学者安里進氏の教示によれば、「カマドや、五徳にかけるためのツバをもつ羽釜《はがま》土器が一二世紀の遺跡にあるから、カマドを使った可能性もある。しかしカマド自体は未発見」という。

古墳時代から平安時代は畿内に拠点をもつ国家権力による政治支配が広がった時代である。カマド風習の拡大は政治の波と無縁とは考えられない。朝鮮半島からの渡来習俗たるカマドの拡大が、皮肉にも日本中央権力の広がりを示すことになった。また、これに抵抗した南北二つの地域があった。これら二つの事象は、日本文化とは何かを歴史的に考えるうえで示唆に富む。

最近は、レストランの全国チェーン化が進んでいる。牛肉が昔よりも手軽に食べられるようになった半面、その土地特有の味わいある料理が圧迫されている。しょうゆさしの大小のバラエティーが今後も日本列島で平和共存し続けてほしいものである。

古墳の主のランキング

「葬られた人はどんな人ですか」「名前はわかりませんが、当時、この地域で最も偉かった人、今なら市長さんのような人です」

前方後円墳などを発掘していると、見学にきた子どもづれの主婦とこんな会話をすることが多い。「そうですか。偉い人なんですね」と一応の納得はしてもらえるが、答えたあとで、私自身は、もうひとつすっきりしない。選挙で選ばれた現代の市長と古墳時代の首長とは、地域の政治的代表者ということでは似ているが、財力も権力も全く異なる。

ちなみに長さ百メートルの前方後円墳なら、面積にして約五千平方メートルだ。現代の庶民の家なら三〇軒は建つ。そんな大きな墓を造れる市長さんは、いまどきいない。

古墳の大きさは被葬者の地位の高さにほぼ比例すると解釈してよいだろう。しかし、古墳には前方後円墳、前方後方墳、円墳、方墳という四つの基本形がある。形の違う古墳を比べてどちらの地位が高かったのかということになると、専門家のあいだでも意見はまちまちだ。

長さ二百メートルを超える古墳は全国に三〇基ほどあるが、最長の伝・仁徳陵古墳（大仙陵四八六メートル）をはじめ、すべて前方後円墳だ。このことから前方後円墳が他の墳形より優位にあったことは間違いない。次いで前方後方墳が大きく、最大は奈良県広陵町の新山古墳で、長さ百三〇メートル。円墳の最大は埼玉県行田市の丸墓山古墳の直径百メートル。最大の方墳は奈良県橿原市にある一辺八五メートルの枡山《ますやま》古墳となる。

これらは、しかし、異なる墳形のチャンピオンばかりだ。それを比べるのはレスリングとボクシングそれぞれのチャンピオンの、どちらが強いかを議論するのと近い。おまけに築造時期の異なる古墳の比較は厳密さに欠ける。

それでは、次の二選手のうちどちらの地位が高いだろうか。A選手は大阪府和泉市の黄金塚古墳。全長八五メートルの前方後円墳に木棺を粘土でくるんだ「粘土槨《かく》」が三基あり、景初三年（二三九年）の銘文をもつ鏡をはじめ六面の銅鏡が出土した。かたやB選手は奈良県広陵町の新山古墳。長さ百三〇メートルの前方後方墳の竪穴式石室に三角縁神獣鏡《さんかくぶちしんじゅうきょう》をはじめ三四面の鏡があった。

ともに四世紀後半の同時期の古墳だが、B選手は前方後方墳とはいえ墳丘の規模でも鏡の量でもA選手をしのぐ。また、当時は石室のほうが粘土槨よりも丁寧な葬法だった。

前方後円墳は全国に五二〇〇基ある。前方後方墳はその一〇分の一以下の数だ。とくに前方後方墳は古い時期に多く、東北から九州まで広く分布する。島根県のように長く続く地方もあるが、新しい時期になると大和政権を象徴する前方後円墳の優勢に押され、全国的には衰退する。

徳川の幕藩体制にも似たことがあった。関ケ原合戦以後に徳川に帰順した外様大名の中には伊達政宗のように六〇万石を誇る有力者がいて、初期の徳川幕府にとっては、あなどれない存在だった。先の新山古墳のような初期の大型の前方後方墳を連想させる。

逆に親藩や譜代を名のる大名は、一般に石数がもっと少ない。徳川の親衛隊たる旗本にいたっては数千石級か、それ以下が多かった。長さ三〇メートルの小型の前方後円墳を想起させる。

時代も政治体制も異なる社会を比較するのは乱暴な話とお叱りもあろう。しかし親藩や外様という「格付け」と何万石かという「実力」とがぴったりと一致しないように、前方後円墳だからといってすべての前方後方墳より地位が上ではなかったと言いたい。

古墳時代における格付けと実力との関係を、私は下図のように考える。横軸のA～Dは格付け、縦軸の①～④は実力だ。縦と横の二つを総合してはじめて

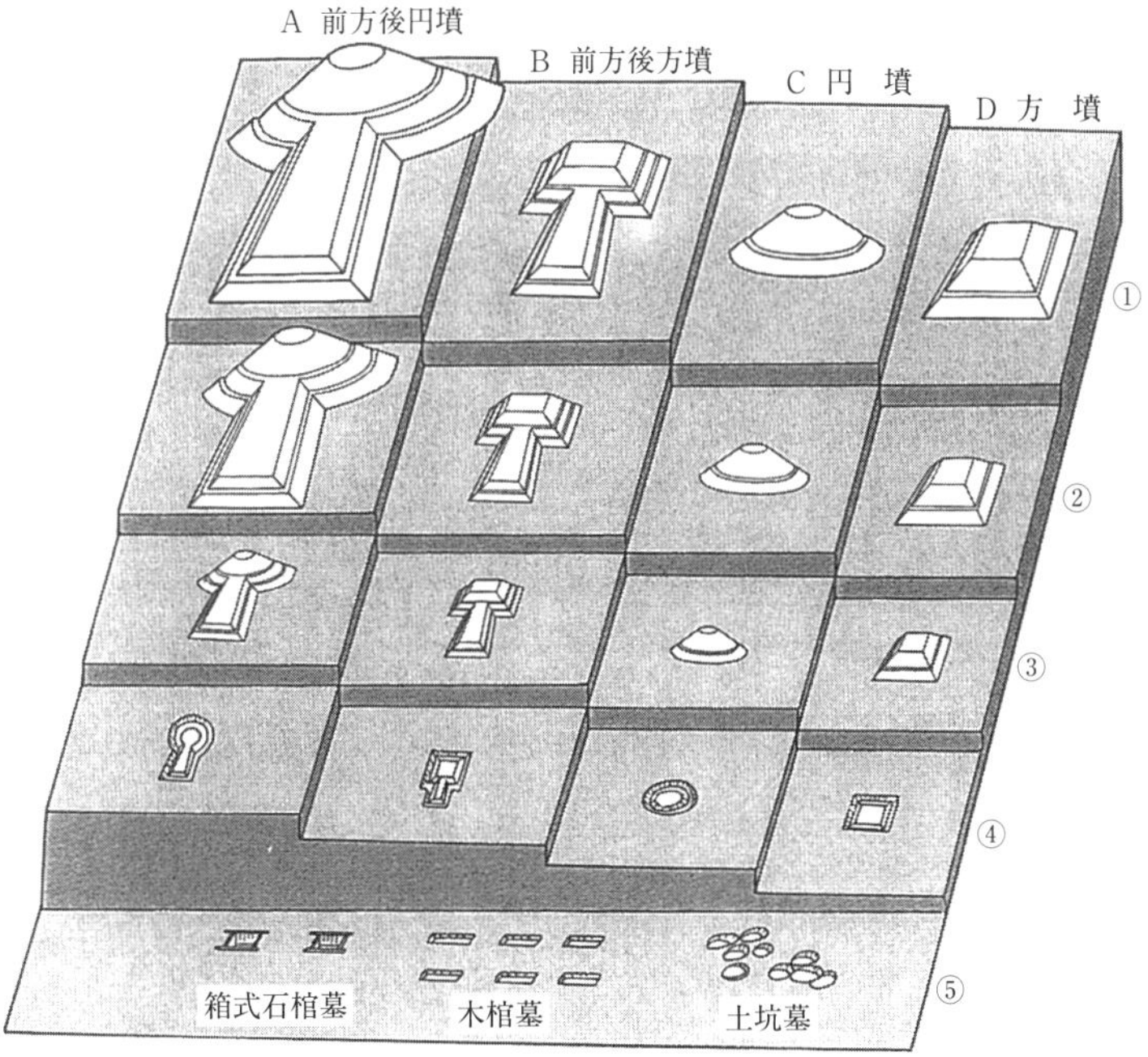

古墳の階層性モデル

各地の首長の地位が決まるのではないか。墳丘の形と規模を見れば、首長のランキングがわかるシステムと解釈する。先の例で黄金塚は「Aの2」、新山は「Bの1」、そして直径五〇メートルの円墳なら「Cの2」となる。

墳丘に葬られる人は、江戸時代なら名字・帯刀をゆるされた人にあたる。これに対し、古墳時代の圧倒的多数の庶民は墳丘では眠れなかった。地面を掘りくぼめただけの穴に葬られた。円形や楕円形の「墓坑」が数百基も群集する民衆の共同墓地が近年相次いで発見されている。これら墳丘をもたない墓は、図では最底辺に位置する。

現代の公務員の俸給表にもこの図と似たところがある。A～Dが等級、1～4が号俸だ。「昇給」や「等級間の渡り」が古墳時代にもあったのだろうか。そんなことを考え始めると、給料生活者たる我々には、だんだんと身につまされる話となってくるので、古墳と身分の話題については、この辺でひとまず筆をおくことにしよう。

朱をもって大王を送る

いま（一九九二年）、滋賀県八日市市の雪野山山頂にあって、古墳の発掘調査をしている。標高三〇八メートルの頂から見下ろすと蒲生野は黄金色の実りに輝き、遠く西には琵琶湖の水が光っている。この頂に展望台の建設が計画され、その事前調査として市の教育委員会の石原道洋氏を中心に八月初めから発掘を進めたところ、竪穴式石室から銅鏡が出土した。

市から応援を依頼され、大阪大学考古学研究室の若手研究者と学生を加えた合同調査団が調査を継続して一カ月余。三角縁神獣鏡を含む多数の遺物が出土し、この古墳（四世紀前半）の重要性が明らかとなった。

山麓にある神社の社務所をお借りしての合宿。前半は厳しい残暑や台風に悩み、山頂落雷の危険におびえたが、山はすでに秋深い。いまは冬装束が要る寒さとなった。きびしい環境の発掘だが、私たちをいつも勇気づけてくれるものがある。石室の床面は赤一色。闘牛士の旗に挑む牛ではないが、この赤色は、なぜか疲れた身体と心を鼓舞してくれる。

石室の壁にも床に置かれた木棺にも赤色の顔料をべったりと塗っている。酸化鉄のベンガラの赤だ。棺は腐っても、棺台の粘土に赤色が鮮やかに残る。被葬者は、この赤色に包まれて永遠の眠りについた。

ヨーロッパの旧石器時代でも死者に赤の顔料がまかれた。赤の顔料は縄文時代の埋葬にもある。吉野ケ里遺跡など弥生時代の甕棺《かめかん》、藤ノ木古墳など古墳時代の石棺にも赤の彩色がある。おまけに墳丘に並べる埴輪にも赤い顔料を塗る。古墳、とりわけ初期のものは赤一面の世界なのだ。

なぜ、古代人は葬儀に赤を用いたのだろうか。赤は血液の色に通じる。血の気のひいた死者を蘇らせたい願望から、赤色顔料をふりかけた。つまり復活儀礼との解釈である。赤色に鎮魂や魔よけの効果を考える人もいる。

雪野山古墳にはもう一つの赤色がある。木棺内部の死者の身体の付近に、ベンガラよりも一層鮮やかなピンク系の赤がある。これは朱肉に使う辰砂《しんしゃ》の赤。水銀朱ともいう。ベンガラの赤は棺の内外に存分に塗るのに対し、辰砂の朱は入手し難い貴重品なので部分的にふりまくだけだ。この風習は古い古墳で広く認められる。

水銀朱の猛毒性を利用して遺体の防腐効果をねらったと考える学者もいる。遺体全体を朱でくるんでいるのであれば、それも一理ある。しかし一部だけにふりかける例は多い。だいいち人骨の残りが一般に悪いことから考えて、防腐効果が大きかったとは思えない。

水銀朱には別の意味があるのではないか。『魏志』「倭人伝」には、倭国で「丹が産出する《に》」と書いている。丹は朱のこと。卑弥呼が魏にさし出した土産物の中に朱がある。また卑弥呼がもらった下賜品のなかに、銅鏡百枚とともに朱が含まれている。

古代中国には丹を愛好する風習があった。仙丹《せんたん》といって、丹を微量ずつ飲めば不死の仙人になれるという信仰にもとづく。道教との関連もあろう。ミイラよりも保存がよい遺体として有名な前漢の馬王堆墓の棺内に赤い水がたまっており、微量の水銀が検出された。これを仙丹と結びつける考えもある。

このような時代背景を考慮すると、古い古墳における水銀朱重視の意味が解ける。卑弥呼の使者は古代中国の仙丹思想を伝えた。倭人はこれを拡大解釈し、王者の魂の不死を祈って棺内の遺体に朱を多量にふりまく風習を流行させたのではないか。

一九八九年二月、昭和天皇の葬儀の際、葬列コースとなる新宿大通りから赤い色を追い出そうと、カニ料理店の赤い看板や神社の柵の色を茶色に塗り替えなさいという指示が出た、という報道があった。事実であれば笑って済ませる話ではない。

いつの時代も葬儀は生き残った人向けのものと考える私は、葬儀の色は哀悼の意を表する参列者の自由にすべきと思う。何色とすべきかに固執する人があるなら、古墳時代、古代天皇の前身である大王の葬儀が赤一色であったことを思い出してほしい。赤いカニの大看板も赤い柵列も、古式にかなった色なのである。

民俗学の宮田登氏によれば、昔は晴れ着で着飾って葬儀に参列した地方が多かったらしい。死者を見送るハレの儀式の着物なのだ。黒い喪服は江戸の武士の風俗であり、東京の風習である黒い喪服が近代になって全国を統一したのだという。赤と黒とにこだわったスタンダールがこれを知ればどんな顔をするだろうか。

鉄を運んだ海洋の商人

トイレットペーパーや洗剤を買い求めて走るパニック。電力節約のため深夜放送の短縮。一九七三年のオイルショックの記憶はなお、なまなましい。いまや石油や電気の供給を絶たれると一日たりともまともに暮らせない。エネルギー資源の多くを外国にたよる我が国では、問題はとくに深刻だ。

外の物資にたよらねば明日の展望がたたない社会、その開始は卑弥呼が活躍した三世紀にさかのぼる。弥生終末期にあたるこの時代は石器が完全に消滅した。農具や大工道具、さらには刀剣や矢じりも鉄となった。鉄なしでは何もできない時代の到来だ。

トンテンカンの鍛冶で鉄を加工する技術者はいた。しかし鉄素材をどうして手に入れたかとなると、まだまだよくわからない。石器が完全に消滅した背景には、すでに鉄素材の生産が日本列島のあちこちにあったはずと考えることもできる。しかし、鉄を精錬した遺跡は、これまでのところ五世紀後半までしかさかのぼれない。将来、三世紀の製鉄遺跡が発見されるかもしれないから断定は避けたい。しかし、弥生時代や古墳時代に中国大陸や朝鮮半島から輸入された鉄素材が多いことも事実だ。

弥生時代の鉄器の中には大陸製品がかなりある。斧やノミのうち鋳物で作ったものがそうだ。刃先に焼き入れした特殊な鋳物である。鉄を溶かして鋳物を作るには千五百度近い高温処理が必要だが、この技術は弥生の日本にはない。大陸の鉄器が宝器のような希少品だったと考える学者もある。しかし、各地で出土する鋳造鉄器の出土量から判断して、弥生人が大陸から鉄器を手に入れるチャンスは通説よりもっと多かったと私は思う。

弥生時代の始まったころ、戦国時代（前四〇三〜前二二一年）の中国では鋳物を含めて鉄工業はかなり発達し、鉄を生産して手広く商売とする富豪層が各地にいた。海を渡り、朝鮮や日本の港から港へ鉄器を売り歩いた人がいたに違いない。前漢と後漢の間の西暦一世紀初め、王莽《おうもう》が発行した「貨泉」などの貨幣が、朝鮮半島や西日本の海辺の遺跡で発見されるのは、これら商人の行動と関係するのではないか。

漢帝国は塩と鉄の専売制をとって民間の自由な流通に制限を加えたから、帝国の周辺地域たる倭人社会は、この制度の及ばない所として彼ら民間商人にとって格好の市場となったとも考えられる。これは紀元一世紀までの状況である。

三世紀ごろのことを書いた『魏志』「東夷伝」の「弁辰」（朝鮮半島南部）の個所には、「この国で鉄を産出する。韓・濊《わい》・倭が、みな争って鉄を取っている。どの市場の売買でもみな鉄を用いていて、中国で銭を用いるのと同じである」とある。中国からの商人に頼る受け身から脱し、倭人が三世紀には朝鮮に積極的に出かけて鉄素材を入手していたのである。

『魏志』「倭人伝」によると二世紀末の倭国は動乱状態にあった。吉野ケ里遺跡の防御用の深い溝や高い見張台によっても、西日本全体が動乱に巻き込まれていたことが明らかとなった。この時期は石から鉄に移行する激動期でもある。紀元一世紀の弥生中期、畿内と北部九州との間に直接交流の形跡はない。両地域の土器や青銅器を比べると、それがわかる。なのに、それぞれ鉄器を確保しているのは、双方とも大陸の鉄素材を入手する独自のルートを持っていたと考えてよい。

だから、玄界灘の航海権をめぐって双方の船団がぶつかりあう、そんなことが起きて倭国乱の起爆剤となったのかもしれない。乱の終結した三世紀に石器が完全に消滅した背景に、倭人社会における鉄素材流通システムの激変があったのではないか。卑弥呼を共立して「国中が治まった」ことは政治上の変化にとどまらない。卑弥呼の政権が、倭と朝鮮とを結ぶ鉄の流通体制を掌握したものと理解する。

中国遼東地方と朝鮮半島北部に勢力をもっていた公孫氏が、二三八年に魏に滅ぼされた。それまで同氏と関係をもっていた卑弥呼は、間髪を入れず魏に乗りかえる。有名な翌、景初三年の遣使である。これほど東アジア情勢のアンテナが高かったのは、ここを船で往来する商人の情報にも通じていたからに違いない。

古代の東アジア、そこには鉄を売る商人がいた。安全な航路や港を探し求める人々がいた。マーケットを開拓して漂流、彼らは、そこから新しい天地を開き、外交の活発化にも一役かった。かたや私も古代に思いをはせつつ執筆しながら古代を漂流していた。執筆の後半は滋賀県雪野山古墳の発掘とぶつかった。山麓にある合宿のザコ寝の部屋を深夜に抜け出し、縁側に腰かけて暗い裸電球の門灯の下で原稿を書く。森の奥からキツネの声。灯に集まる蛾《が》の舞とウイスキーにうっとりすることしばし。筆はよどみ、新天地に到着しない漂流となった。

（『古代史を語る』朝日新聞社、一九九二年五月の内容を加筆・修正）

コラム

騎馬民族

市民講座などで考古学の話をして質疑の時間ともなれば、出される質問のトップの話題はだいたい決まっている。

「先生は、騎馬民族説をどう思われますか」。その日の演題とは無関係に唐突に聞く人がいる。論争があるから面白いというだけではなく、日本人の起源にたいする関心が強いのであろう。

天皇家の先祖が、実は、大陸から渡ってきた征服王朝の騎馬民族だという学説。江上波夫氏は、この説を一九四九年に発表して、大戦直後の国民に衝撃を与えた。しかし考古学界で、この説を積極的に支持する人は少ない。氏が言う四世紀初めの騎馬を証明する古い馬具が発見されていない上に、征服を示すような突発的変化と騎馬民族とを結ぶ考古資料を見出しがたいからである。

しかし海外の学者の中に江上説の支持者はいるから、日本の考古学者が偏狭な民族主義に毒されているだけかもしれない。自分の民族が征服されたことを認めるのはいやだという感情は、客観を尊重するはずの学者にもある。イギリスの考古学界でも大英帝国が盛んなころは、気持ちのゆとりのせいであろうか、イギリスの新石器時代に大陸からの侵入者が新しい文化を開拓したという「侵略仮説」が支配的だった。しかし帝国の力の衰退した第二次大戦後は、英国人の焦りのせいであろうか、文化の変化を「イギリス人の内部努力のたまもの」と説明する学説が有力となった。学説の変化を、こう解説するのはケンブリッジ大学のG・クラーク先生だ。

騎馬民族説が発表された大戦直後は、日本経済はどん底で、米軍の占領下だった。「経済大国」とおだてられる今の「ゆとり」のなかでは、江上説は好評となるかもしれない。さいわいにも『騎馬民族は来た!? 来ない!?』という題名の本が先日出た。このなかで江上氏は「来なかった」説の佐原真氏を相手に快気炎をあげる。論敵を尊敬しあっている大きな学者どうしの対談だから、この本は読んで気持ちがよい。

おりしも来年はウマの年。読者の軍配はどうあがるかが楽しみだ。

(『神戸新聞』一九八九年一二月二〇日夕刊より転載)

2　初期国家と古代国家

はじめに

日本列島において、国家はいつどのような過程を経て、生まれたのであろうか。日本の古代国家は七一〇年に始まる律令制国家であることはどの研究者も認めている。しかし国家は多くの人を組織して社会を動かしていく営みであるから、土地の分配、税制、経済活動など非常に複雑な仕組みが要求される。この複雑な仕組みを地域の特性に合わせて構築する長い時間が必要である。

この国家の仕組みが完成するまでには、不十分な国家の制度が試行錯誤されながら蓄積されているはずである。ヨーロッパの研究者はこの成熟国家以前の段階の重要性に着目し、この時代に「初期国家」の名前を与えた。

初期国家を提唱したクラッセンらによると、初期国家とは、①階級社会を基礎とし、②階層社会を生むほど多く人口を擁し、③恒常的余剰をもち、④血縁ではなく地縁原理が支配的で、⑤社会の分裂を回避しうる強制力のある政府をもち、⑥中央政府があり、⑦支配の正当性を支える共同イデオロギーをもつ社会段階である[1]。

これら初期国家の定義には学ぶべきものがある[2][3][4][5]。クラッセンたちの提言から学んで、私は一九八九年、日本の初期国家は古墳時代に当たると提唱した。

クラッセンらの提唱した初期国家の条件を古墳時代に当てはめてみてみよう。

まず条件①の「階級社会を基礎とする」。巨大な古墳と盛土もない一般住民の土壙墓。この大きな格差を持つ墓の共存は階級社会を物語っている。(6) さらに底辺住民の土壙墓は弥生時代の住民の墓より貧弱で副葬品もなく土壙の整え方も粗削りで、一般住民の間にさえ格差が生じている。(7)

石川昇は古墳築造では河内だけで、のべ一五〇〇万人が動員されたと推定している。(8) 王権にかかわるこのような巨大な前方後円墳だけでなく、地方にも巨大な古墳が数多く築かれ、農民が動員された。古墳時代の社会は、このように、農民を支配する首長と、租税を納め賦役労働にかりだされる人に分かれた時代である。また首長居館の出現も居館の敷地内の住居に居住したと推定される人も、弥生時代には見られなかったもので、社会格差の拡大を物語っている。下垣仁志は倭の中央政権が古墳時代前期に、大きさの異なる倭製鏡を作り配布した意図を、「畿内王権による諸地域有力集団の格」づけのためとしている。(9) 福永伸哉は、三角縁神獣鏡の鈕の形態に着目し、そこから三角縁神獣鏡の制作が中国の製作集団によることを突き止め、三角縁神獣鏡が中国の力を背景とした、力をもつ威信財として古墳時代の階層社会の形成と維持に大きな役割を果たしたことを明らかにした。中央権力はこのように威信財なども大いに利用して階層化を図った。(10)

初期国家の条件②は「階層社会を生むほど多く人口を擁する」である。古墳時代の人口の集中度は、広範囲で明らかになっているわけではないが、奈良県の纏向遺跡は古墳時代の初期から広い範囲に建物群があり、箸墓古墳に近いこの政治拠点は、寺澤薫も説くように、多くの人口を抱える大規模なものであった。またこの地は東国や西国の各地から般入土器があることから、多くの人がこの地に激しく出入りし、政治的にも経済的にも活躍したことが推測される[11]。

条件の③「恒常的余剰がある」は、考古学の資料から明らかである。大阪の法円坂遺跡ではなんと一〇メートル×一〇メートルの巨大倉庫が八棟整然と並んでいる（一七八頁参照）。石川県の万行遺跡は古墳時代初期にもかかわらず、巨大倉庫が三棟見つかっている。さらに一般住民の敷地にも必ず倉庫が設けられている。とすれば、その他全国に数多くある大きな倉庫は恒常的余裕を示している。

条件の④は「血縁ではなく地縁が支配的」である。古墳時代が血縁から地縁に移行したというはっきりとした研究はないが、田中良之と清家章の研究によると、古墳に一緒に埋葬された人骨は、親子・兄弟などの血縁関係をもつものから夫婦へと変化しているという。古墳時代は血縁から地縁へと緩やかに変化していると私は考えている[12][13]。

条件⑤は「社会の分裂を回避しうる強制力のある政府をもつ」。強制力があったからこそ、古墳という特殊な墓で代表される時代は三五〇年もの間、中央政権の下で存続したと考える。

条件⑥は「中央政府がある」。中央政府を持っていたからこそ、地方の力を結集して世界で最も広い面積を占める巨大な古墳を築くことが可能であった。

条件⑦は「支配の正当性を支える共同イデオロギーをもつ社会段階」である。首長は高度な土木技術で灌漑を指導し、生産を増やしたが、その技術を前方後円墳祭式で継承することは支配の正当性を支えるイデオロギーであった。

以上のように七つの条件を満たしているから、古墳時代は、クラッセンの言う初期国家段階と考える。

しかし、国家としての組織がまだ不十分な段階では権力基盤は安定していないため、同じ前方後円墳祭式イデオロギーのなかで権力の交代が何度か起きたと考える。権力の交代と思われる状況が古墳のあり方から見て取れる。

1　首長系譜の断絶と政変

五世紀は、前方後円墳が最も巨大となった時期である。大阪府藤井寺市の伝応神陵古墳（誉田御廟山古墳）、堺市の伝仁徳陵古墳（大仙陵古墳）などは五世紀の巨大古墳の典型である。この築造地の移動理由については、『記紀』などの文献史料を検討した古代史研究者の間で二つの説がある。一つは、五世紀に河内を根拠地とする有力首長が、奈良の大和政権から権力を奪ったという説[14]、二つ目は、河内の巨大古墳は大和の王権が河内に進出しただけであり、新しい王朝の出現を示すものではないとする説である[15]。

考古学研究者の間でも、巨大前方後円墳の移動を権力の奪還による政権中枢の移動と考える説がある一方で、三世紀後半から大和盆地で巨大な前方後円墳の築造を続けた結果、新たに造営する空閑地が少なくなり、墓造りの場所として河内や和泉の未開の原野を新たに選んだのだとする意見がある。(16)どちらの説明が正しいのか、次に考えてみる。

巨大前方後円墳が奈良盆地東南部から奈良盆地北部へ、そして河内へと移動した四世紀末から五世紀初頭、大和や河内だけでなく、日本列島の他の多くの地域でも古墳の動向に大きな変化が起きていた。

有力首長は一般に代々受継がれるので、有力首長の墓は同じ場所に連なって築かれた。そのため前方後円墳などの首長の墓は一基単独であることは珍しく、二、三基の墓が同じ場所に築かれる事が多い。この墓のあり方を私たちは首長系譜と呼んでいる。墓が同じ場所で連綿と続く限り、そこを根拠地とする首長一族は政治的に安泰であったと考えてよい。

私が永い間調査した京都府乙訓郡内では、四世紀代には向日地域の向日系譜が盟主墳（特に規模の大きな古墳）を代々築いている。それが四世紀末には樫原系譜に移動し、五世紀前半には長岡系譜に、そして五世紀後半には山田系譜に、さらに六世紀前半には再び向日系譜にもどり、六世紀後半には長岡系譜に移動しているのである。(17)

これら盟主墳の継続と断絶の時期を全国的な視野で見ると、この変動は一地域のみの独立した動きではなく、変動の時期が全国的に重なる場合のあることがわかる。しかも、その変動の時期が、中央政府の巨大前方後円墳が、大和から河内に移動する時期と重なっていることを見逃すわけにはいかない。全国的な変動の一回目は四世紀末から五世紀前半、二回目は五世紀後半、そして三回目は六世紀前半の三回を指摘する事ができる。

一回目の変動　第一回目の変動は、四世紀末から五世紀初めに全国各地で起こっている。例えば群馬県の毛野では盟主墳系譜は四世紀の毛野中部から五世紀には毛野東部に移動している。つまり、前橋天神山古墳から太田天神山古墳へと移ったのである。

このように見ると、大和南部を根拠地とした政権中枢とこれを支える地方の有力首長の同盟が弱体化し、河内に拠点をもつ政権中枢とそれを支える地方有力首長の同盟が、四世紀末から五世紀初めに政治的イニシアティブを奪ったのだと考えることができる。

二回目の変動　二回目の変動は五世紀後半である。五世紀に集中的に巨大前方後円墳が継続して造営される典型的な地域は、伝応神陵（誉田御廟山古墳）のある大阪の河内の古市古墳群と伝仁徳陵（大仙陵古墳）のある和泉の百舌鳥古墳群であるが、いずれも五世紀末にはその系譜が断絶する。(18)

畿内では、五世紀中頃に太田茶臼山古墳を造営した大阪三島の安威川系譜、恵解山古墳を築いた乙訓の長岡系譜、久津川古墳を生み出した南山城の久世系譜など、淀川水系の有力首長系譜がこの五世紀に新たに盟主墳を築き、全盛期を迎える。しかし、五世紀後半には、これらの系譜はいずれも断絶してしまう。

このように五世紀後半に全国で多くの有力首長系譜が断絶して空白となる。この空白の五世紀後半に、別の系譜が巨大な前方後円墳を築き始める。つまり、五世紀後半の第二の変動では、伝統の政治体制と、中央権力を強化しようとする雄略大王の政策が衝突し、強大な吉備や毛野など各地の強い伝統的な勢力の反乱や首長権をめぐる争いが生じ、有力首長の交代が生じ、盟主墳の移動が起きたと私は考えている。五世紀後半は雄略の時代で、中央権力が強大な力をもち中央官僚の芽生えなど国家的な組織が大きく伸びる時代である。その過程で中央権力と地方権力の戦いが頻繁に生じたと思われる。雄略の時代、地方の強大な有力首長の古墳の系譜が移動しているし、吉備や毛野の地方権力と中央権力との争いが『記紀』に記録されている[19]。

三回目の変動　つぎに六世紀初頭に起きた三回目の変動を見ることにしよう。雄略の後を継いだ継体大王の対外政策によって朝鮮半島にも変化が現れ、朝鮮半島南西の栄山江流域で「前方後円墳」が一三基確認されている。

第三の変動にも、多くの系譜で盟主墳の断絶と開始がある。興味深いことに、六世紀前半に造られた盟主墳の中には、第二の変動で断絶した系譜が復活したものが非常に多く含まれている。五世紀後半に断絶した淀川水系の復興はその典型的なケースで、京都の宇治と乙訓、そして大阪の三島である。淀川水系には五世紀前半に、河内の王家と親密な関係にあった首長の盟主墳が多く築かれたが、それらの系譜は雄略の活躍期の五世紀後半には断絶した。ところが、これらの系譜は六世紀前半には再び復活する。

しかも復活した大阪三島の盟主墳である今城塚は継体大王陵と考えられている。また宇治市の二子塚古墳は今城塚古墳の二分の一の相似形で[20]、今城塚と深い関係があると考えなければならない[21]。再興した淀川水系に継体大王の墓があることは何を意味するのか。それは六世紀前半の政治変動が、継体大王の登場と密接な関係を持つことを示唆している。

確固とした国家組織の確立した律令制古代国家以前の初期国家の段階では、このように権力の移動が生じ国家組織はまだ盤石ではなかった。

2　朝鮮半島の影響

日本の初期国家は朝鮮半島の影響を大きく受けて発展し、また朝鮮半島にも強い影響を与えている。

雄略大王は中国の南宋に使いを派遣し、それまでと違って王一人だけの将軍の称号を受け取った。そして官僚制度を取入れ、中央政権が指揮する軍事制を進め、各地の有力首長連合体制を解体させて中央権力を強化し、国家形成を大きく進めた。そのため、雄略の時代に前方後円墳の分布は最大になり、岩手県の角塚古墳から鹿児島県大隅半島の塚崎古墳群まで広がった(22)。雄略は朝鮮半島と大いに交流し、急激に中央集権を進めたが、国家の成立に必要な官僚制などを、交流していた百済から学んだ可能性が高い。またカマド等高度な文化を輸入し、中国と交渉し倭の覇権を大いに高め、地方の有力首長を使って朝鮮半島での支配権をさらに伸ばそうと狙った。航行安全を祈った沖の島遺跡は朝鮮半島への航路の重要な中継地点であるが、ここで発見される多くの鏡や石製祭器の模造品は、五世紀後半のものが圧倒的に多く、雄略期に朝鮮半島と日本との間に多くの船が行き交ったことを物語っている。

六世紀の継体大王の時代に使われた土器には朝鮮系のものが多く含まれている。長野県の天竜川流域、群馬県の白井吹屋遺跡では畑の外に牧まで営んで馬を飼っていた。大阪府寝屋川の讃良郡でも馬を飼っており、出土した馬具から戦闘用の馬を育てたことがわかる。牧はもともと日本にはなく朝鮮半島で行われていた。このことからも渡来系の人が移住したことがわかる。文化的に高い渡来系集団が政治的に力をもち、(23)継体を支える勢力になり盟主墳を築くようになったのであろう。

倭の五王時代の前半期である五世紀半ばまでの倭政権は、王以外にも多くの人物が中国から称号を受けたことから推測して、中枢の大和や河内の盟主を中心に地方有力首長を結集した連合体であったと考えてよい。しかし五世紀後半になるとこの連合体の性格は大きく変質した。五世紀後半の雄略大王の支配の諸施策は成熟国家への飛躍を準備する。しかしながら、それは急進的であったために、六世紀前半に短い反動期を迎え、磐井の乱、そして『記紀』に見える継体大王擁立運動は、地域の支配権力をいままで通り維持しようとする伝統勢力の巻き返しで、反動の嵐が吹き荒れた時代といえる。(24)

3　韓国の「前方後円墳」

初期国家の中央権力が力を増すと、日本は朝鮮半島にまで力を及ぼすようになり、日本文化が朝鮮半島に影響を与えた跡が、考古学の上でも明らかになっているが、それは同時に、日本が朝鮮半島から受けた影響をも示している。(25)

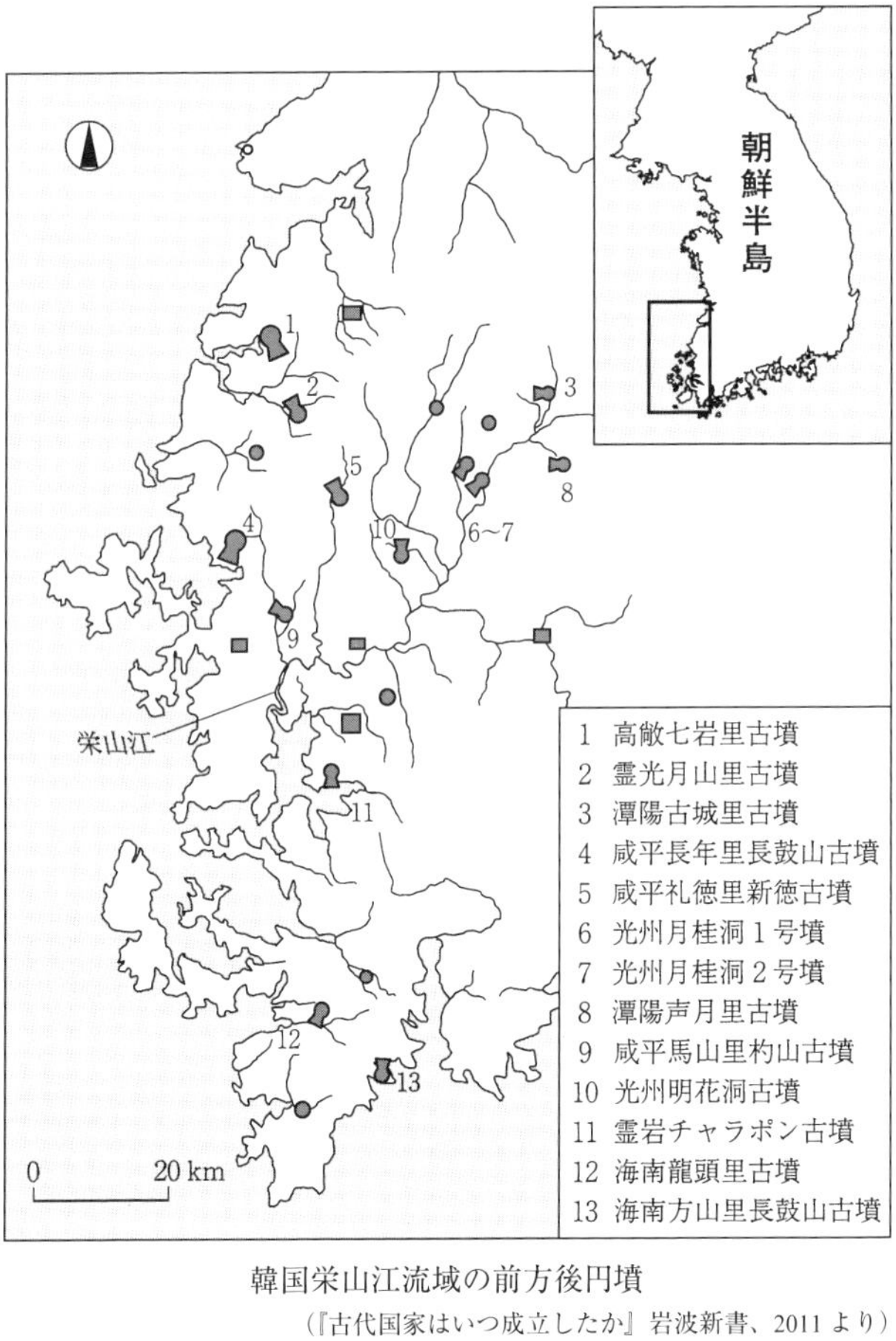

韓国栄山江流域の前方後円墳
（『古代国家はいつ成立したか』岩波新書、2011 より）

朝鮮半島南西の端に流れる栄山江流域に一三基の前方後円墳がある。前方後円墳の特異な墳形は日本で生まれ発達したものであるから、この前方後円墳の存在そのものが、朝鮮半島と日本との深い交流を示している。古墳には倭の製作技法に似た円筒埴輪をもつものまであるが、出土する土器の土質は陶質土器で、その地で製作されている。これらのことから、この一三基の前方後円墳は栄山江流域に移住した倭人か、その後裔あるいは倭人と親密な交流をした在地の首長層の墓である。

日本と朝鮮半島の交流に詳しい韓国の研究者朴天秀は、この一三基の古墳は六世紀前半に築かれており、百済と日本の両方の影響を強く受けた墓であると説明している。[26]

全羅北道竹幕洞遺跡では、日本列島でも多く出土する日本製の滑石製の祭器が多数発見された。韓国の研究者禹在柄によると、この遺跡は玄界灘の安全航海を祈願した祭祀遺跡である福岡県沖ノ島遺跡と似た性格である。[27]

雄略大王が取り入れた官人制は成熟国家にとって必ず必要な組織だが、百済と日本との深い交流をみると、雄略大王はこの官人制度を百済から学んだと考えるのが妥当である。

4　前方後円墳体制の成立

次に日本の初期国家の性格について考えたい。世界には多くの国家があるがそれぞれの国家は個性を持っている。国家が大きな権力をもつことはどこの国家も同じであるが、その性格は様々である。初期国家も同じように個性を持つ。日本の初期国家も個性をもっている。それはどんな個性であろうか。私はその個性を「前方後円墳体制」と呼んでいる。

初期の後方墳、京都府元稲荷古墳が全長九二メートルであるのに対して[28]、初期の後円墳、箸墓古墳は二八〇メートルと格段に大きく[29]、出現の時点で前方後円墳が優位に立っている。しかし、古墳時代の後円墳と後方墳は、共通の尺度を使用しており、その上、規模の差や、後円と後方という形態の違いはあっても形態の基本的な寸法の割合が同じに設計されていることがわかる[30]。つまり弥生時代終末期には両者が互角にせめぎあう関係にあったのに対し、古墳時代に入ると後円墳は、規模で後方墳をしのぎ、古墳の尺度や設計でも、相手を自分の流儀に従わせる関係になっており、両者の関係には大きな変化が生まれている。

しかし、前方後円墳の葬制を持つ中央政権は前方後方墳の葬制を持つ集団を押しつぶさず、前方後方墳は減少するものの、そのまま作り続けられる。このように前方後円墳優位の体制ではあるが、前方後方墳をも包括しながら構築された政治体制を、私は「前方後円墳体制」と名付けた。

一般的には全体を統括する中央権力が誕生すると、首長には王墓と同じ墓形は使用が許されず、墓の規模も王墓より格段に小さいものになる[31]。

エジプトの初期国家で築かれたピラミッドは王にだけ許された墓の形であった。臣下の墓はマスタバと呼ばれる全く異なった形の墓で規模も格段に小さかった。中国の初期国家の王の墓は地下一〇メートルもの地下墓であったが、臣下の墓は小型の墳丘であった。

しかし、日本の初期国家である古墳時代の王墓は前方後円墳であるが、王墓と同じ形の墓がその支配領域全てに数多く築かれた。また地方の首長墓の規模には、吉備の造山古墳のように王墓の規模をしのぐものさえある。

権力の集中が十分ではなかったためにこのような状況が生まれたと思われるが、古墳時代の権力集中の弱さは、前述した首長系譜の移動からもうかがえる。この「前方後円墳体制」は非常にユニークな日本の初期国家の個性といえるが、この権力集中の弱さはなぜ生まれたのであろうか。

5　都市の機能

G・チャイルドは国家成立における都市の重要性を取り上げ、古代都市の形成に遠隔地との長距離交易が重要な役割をはたすことを説き、国家形成には物資流通の掌握が重要な契機の一つとなると主張した[32]。チャイルドは、古代文明の形成を都市の発生を軸に描いた。彼は文明の指標として、①人口の集中、②支配層や官吏や手工業者が農民の生み出す余剰に寄生すること、③租税あるいは神への奉献品の存在、④王や神のための記念物の建設、⑤肉体労働と知的労働の分離、⑥文字の発生、⑦暦の採用、⑧専業的芸術家の存在、⑨生活必需品の長距離交易、⑩専業工人が渡り職人でなく定住していることを挙げた。

国家の誕生に都市の存在は確かに欠かすことができないが、都市の定義は人によって様々である。私は都市を、①首都の政治センター機能と、港町などの経済センター機能と、門前町の宗教センター機能を合わせて持ち、②王や役人、神官や僧侶、手工業者や商人など、農民以外の多数の人が住みつき、③人口が極度に密集した結果、近隣の資源では自給できなくなり、食糧や生活の必需物資を外部の遠隔地に依存する社会である、と定義している。自給自足できる農村とは異なり、都市は外部に依存する社会である。

この定義からいうと、七世紀末の藤原京はまぎれもなく日本最初の都市である。藤原京は律令国家の首都として政治のセンターであり、経済のセンターであり、宗教のセンターである。律令官人と彼らを支える様々の職業の人々が密度高く集住している。その食糧や必需物資が、租税や貢納物や商品として各地から流れ込むシステムがすでに出来上がっている。チャイルドは国家成立における都市の重要性と物資流通の掌握の重要性を主張したが、日本でも確かに国家段階で最初の都市が誕生している。

このような都市のシステムは、はたして藤原京が建設された七世紀末になって初めてでき上がったものだろうか。藤原京の発達した都市の機能は、長い年月をかけて蓄積された上に誕生したものである。藤原京以前に、都市的要素がどのように蓄積されていったかを次に考えてみたい。

6　交易の市

日本書紀には六世紀の後半、各地に市のあったことが記されている。奈良県では、海石榴《つばき》市、軽《かる》市、大阪府では餌香《えが》市（会賀市）、難波《なにわの》市などが有名だ。遅くとも六世紀末までには市が成立していたと考えてよい。

市のあった場所は陸上交通、水上交通の要衝にあたる。『日本書紀』の用明紀元年（五八六年）の記事に、海石榴市の炊飯姫（推古天皇）の別業という記述が出てくる。直木孝次郎によると、別業とは別宅を意味し、同時に業という文字から推定して経営所である。また難波市に設けられた有力豪族の「宅」は、商業行為の拠点だということだ。この考えを参考にすれば、推古天皇は海石榴市に物資を交易するための経営所をもっていたことになる。ここで重要なことは、海石榴市も、軽市も、餌香市も、市のあった場所には祭り事に伴う大形の建物が無いことである。市というマーケット機能は、宮殿や首長居館に直接付随しているわけではなく、領域の境界にあたる交通路の要衝にあり、首長の領域内に広く分散している。

ただ、難波市は祭り事を行う宮の大形建物と同居しており、人口の過度の集中で都市が生まれていた可能性があるが、古墳時代にこのような都市はまれだろう。

7　都市的な要素の分散

弥生時代の巨大環濠集落では、集落内部にリーダーの館や工房や祭祀施設などの政治的、経済的、宗教的センター機能、そして商工業の萌芽や人々の集住など、都市的要素が芽生えていた。しかし古墳時代には手工業者や商人は、宮殿や首長居館を中心に集住したのではなく、彼らの生産の場や商業活動の場は首長の領域内に広く分散していたと推定できる。つまり手工業や商業や陵邑などという都市的な要素はすでに発生していたとしても、それが藤原京段階のように都城の中に凝集しないで、領内に広く分散しており、そのために都市的景観が形成されにくかったと思われる。

なぜ都城に市が凝集しなかったのかは今後の課題である。しかし市が陸上交通、水上交通の要衝に誕生するのはごく自然なことであり、都城が交通の要衝に築かれなかったことが今後の課題になるだろう。権力の集中が弱く、「前方後円墳体制」を生んだ日本初期国家の特質は日本の都市の在り方にも原因があると考えなければならない。

この他に日本が海に囲まれて大陸の国から侵略されにくいといった地理的条件も権力集中の弱さと関係があるだろう。

ところで中国の秦の始皇帝陵や漢の皇帝陵の造営には「陵邑」とよぶニュータウンが造られた。武帝の茂陵邑には二七万人の人口が集められたと記録されている(33)。これは立派な都市である。またエジプトではピラミッドタウンのような築造労働者の町が存在した。世界一の面積を誇る日本の巨大な前方後円墳の築造でも、近隣の農民の労働力だけでは明らかに足りない。日帰りできないような遠い距離の人々を動員したと考えなければならない。すると古墳の築造場所には人口の集中が生じ、食料や生活の必需物資を外部に依存する社会が生まれていたはずである。工事の規模から推定して陵邑では、政治や経済や宗教的なセンターが機能していたと思われる。日本においては陵邑がまだ確認されていないが、今後の発掘では陵邑の可能性を考慮した発掘が求められる。

8　前方後円墳の変質

六世紀に入ると前方後円墳の性格は大きく変貌する。大規模な前方後円墳の場合、五世紀までは墳丘は三段が定型だったが、それは崩れて、六世紀には二段築成が一般的になる。定型の古墳を尊重する考えが衰退したことを示す。

六世紀になると、畿内ではさらに前方後円墳そのものが急速に減少していく。しかし、関東では逆に増加した。白石太一郎は、「大王墓も含めた畿内の後期の六〇ｍ以上の前方後円墳が三九基にすぎないのに対し、関東地方のそれが二一五基を数える」と整理し、さらに、群馬県にある上毛野では、奈良時代の古代国家の行政単位である郡より小さい単位ごとに前方後円墳が営まれていることを指摘している(34)。

六世紀後半のこの首長墓の動向を、甘粕健・小宮まゆみは、近畿の中央政権が西の首長の力をそぎながら、関東の首長層の支配体制を温存して、その軍事力を利用する政策をとったためと説明する(35)。

地方首長層は軍事力を組織しており、中央は必要なときに地方の軍を中央の組織に組み込んだが、新納泉はこのように軍事的な仕事に特に深く携わる首長に中央政権が手渡す装飾太刀の分布が、六世紀末を境に東国に重心を移す事を指摘している(36)。中央権力はこうして西日本だけでなく東日本をも強い支配下に置き国家への道を推し進めたのであろう。

9　古墳時代のいつからを初期国家とするか

日本の初期国家を古墳時代とする考え方は研究者にある程度受け入れられてきた。しかし、三世紀後半から三五〇年続く古墳時代のいつからを初期国家とするかにはいくつかの説がある。その中で最も有力な説は五世紀後半つまり古墳時代後期からを初期国家とする説である。五世紀後半は雄略大王の時代で、典曹人や杖刀人など文官、武官が誕生しており、直木孝次郎が官人組織であると指摘した人制が形成された。つまり五世紀後半は大王制、官人制、軍制、租税制の成立において大きな画期であり、対外的膨張の政策でも積極的であった。五世紀からを初期国家とする論拠の基礎は、中央政権のこのような飛躍的拡大である。しかし私は初期国家は古墳時代とともに始まると考えている。

和田晴吾は、古墳時代の前・中期と後期との質的な差は、古墳時代以前と古墳時代の差よりはるかに大きいとし、古墳時代をひとつのまとまった時代と捉えることは難しいと考え、古墳時代中期までを首長制、古墳時代後期からを初期国家とした。その根拠として、「王権による民衆の支配が家長層の掌握を通してなされた」としている(37)。しかし王権が家長層を掌握していれば、成熟した国家の段階である。

岩永省三も五世紀後半を画期と考える。岩永は初期国家では身分制、租税、徭役《ようえき》労働徴発、官僚機構、常備軍が、崩芽的でもいいから出現していなければならないとし、初期国家は五世紀後半以降であると主張する(38)。広大な領地を統治する中央政権が生まれ、巨大な古墳が築かれたことは、それだけで身分制、租税制、徭役制、官僚機構の萌芽が出現していることを示している。しかし古墳時代前半には確かに大王を支える親衛隊の存在は窺えても、中央政権の指揮する常備軍の存在は明らかではない[39]。ただ中央政権の指揮する常備軍があるということは、初期国家ではなくすでに成熟国家が誕生しているということになる。

10　初期国家と成熟国家の違い

古墳時代の中央政府は前方後円墳を祭る集団だけでなく前方後方墳を祭る集団をも包括した、「前方後円墳体制」で権力構造を築き上げた。つまり古墳時代の中央政府は地方の有力首長連合に支えられていたのである。

しかし中央政府は着々と力を蓄え、五世紀後半の雄略大王は地方の最大勢力である吉備や毛野を打ち負かし、官制、軍制、前方後円墳の祭祀イデオロギー定着で飛躍した。

しかし雄略の後、中央政権は磐井の大きな反逆を受け磐井を鎮圧したにもかかわらず、その後継者である息子を赦免するほかなかった。その上反逆者磐井の墓は九州最大の規模に築かれた。中央権力は地方有力首長連合体の力を無視する事はまだできなかったのである[40]。

律令制の成熟国家と初期国家との最も大きな違いはなんであろうか。律令制国家では、「公地公民」制を敷き、すべての土地と人民を天皇と国家が直接支配した。一方、初期国家では、土地と人民を直接支配したのは各地の有力首長であった。卑弥呼や雄略大王の中央政権は、有力首長を統括するという形で土地と人民を支配したので、土地と人民の支配は間接的なものにとどまった。七世紀の律令制国家は部分的に修正されながら八世紀の成熟した古代国家へと向かう。前方後円墳体制を初期国家段階と考えれば、古墳時代は古代国家の前半段階であり、律令制国家はその後半段階と考えることができる。

注

（1）Skalnik, P 1978　Early State Mouton
（2）都出比呂志「日本古代の国家形成論序説―前方後円墳体制の提唱―」日本史研究会、一九九一年。
（3）佐々木憲一「日本考古学における古代国家論―システム論的見地から国家形成の考古学―大阪大学考古学研究室」十周年　大阪大学考古学研究室、一九九二年。
（4）須藤智恵美「初期国家から研究」『季刊考古学』第一二七号、二〇一四年。
須藤智恵美「初期国家論研究の成果と現在―初期国家プロジェクトを中心とした研究動向について―」『考古学研究』第六〇巻第四号。
（5）中西祐見子「社会構造研究と古墳時代」『人々の暮らしと社会　九』一瀬和夫・福永伸哉・北條芳隆、同成社。
（6）森岡秀人「農耕社会の成立」歴史学研究会・日本史研究会。東京大学出版会、二〇〇四年。
（7）禰宜田佳男・北條芳隆『考古学資料大観―石器・石製品・骨角器―』小学館、二〇〇二年。
禰宜田佳男「弥生時代の祭祀」『季刊考古学』第八六号、二〇〇四年。
（8）石川　昇「前方後円墳築造の研究」六興出版、一九八九年。
（9）下垣仁志「倭王権と文物・祭式の流通」前川和也・岡村秀典『国家形成の比較研究』学生社、二〇〇五年。
（10）福永伸哉『三角縁神獣鏡の研究』大阪大学出版会、二〇〇五年。

（11）寺澤　薫「日本歴史」第二巻『王権誕生』講談社、二〇〇五年。
（12）田中良之『古墳時代親族構造の研究―人骨が語る古代社会―』柏書房、一九九五年。
（13）清家　章『古墳時代の埋葬原理と親族構造』大阪大学出版会、二〇一〇年。
（14）上田正昭『大和朝廷』角川書店、一九六七年。
（15）直木孝次郎『日本古代国家の構造』青木書店、一九五八年。
（16）近藤義郎『前方後円墳の時代』岩波書店、一九八三年。
（17）都出比呂志「古墳時代首長系譜の継続と断絶」（『待兼山論叢』二二号）、一九九七年。
都出比呂志「首長系譜変動パターン論序説」（『古墳時代首長系譜変動パターンの比較研究』）、一九九九年。
（18）広瀬和雄『古墳時代政治構造の研究』塙書房、二〇〇七年。
（19）松木武彦「日本列島の武力抗争と古代国家形成」前川和也・岡村秀典『国家形成の比較研究』学生社、二〇〇五年。
（20）宇治市教育委員会『継体王朝の謎―うばわれた王権―』河出書房新社、一九九五年。
（21）高槻市教育委員会『継体天皇の時代―徹底討論―　今城塚古墳』吉川弘文館、二〇〇八年。
（22）菱田哲郎『古代日本国家形成の考古学』京都大学出版会、二〇〇七年。
（23）一瀬和夫『大王墓と前方後円墳』吉川弘文館、二〇〇五年。
（24）中久保辰夫「古墳時代現初的官僚層形成に関するノート」『待兼山論叢』四八号　史学編、二〇一四年。
（25）河野一隆「刺激伝播と国際秩序―倭王権形成化過程2つの画期―」『考古学研究』第四八巻第二号、二〇〇一年。
（26）林天秀「渡来系文物からみた伽耶と倭における政治的変動」『待兼山論叢』史学編二九号、一九九五年。
林天秀「栄山江流域における前方後円墳が提起する諸問題」（『歴史と地理』第五七七号）、二〇〇四年。

林天秀『加耶と倭』―韓半島と日本列島の考古学―、講談社選書メチエ、二〇〇七年。

（27）禹　在柄「韓国金海大成洞古墳群と日本古墳時代開始期の墓制」待兼山考古学論集―都出比呂志先生退官記念―大阪大学考古学研究室、二〇〇五年。
（28）梅本康広『元稲荷古墳』第一〇一集、財団法人向日市埋文センター、二〇一四年。梅本康広『元稲荷古墳研究』、財団法人向日市埋文センター、二〇一五年。
（29）中村一郎・笠野　毅「太市墓の出土品」書陵部紀要二七、白石太一郎・春成秀爾・杉山晋作・奥田　尚「箸墓古墳の再検討」国立歴史民俗博物館。
（30）岸本直文「古墳時代築造規格の系列」『考古学研究』第三九巻第二号、一九九二年。
（31）杉井　健「前方後円墳体制論の再検討」一瀬和夫・福永伸哉・北條芳隆『古墳時代の考古学』二一世紀の古墳時代像九、同成社、二〇一四年。
（32）Childe, V. G. 1964 The Urban Revolution, The Town Planning Review, vol. 27
（33）劉慶柱・李　毓芳著　来村多加史訳「前漢皇帝陵の研究」学生社、一九九一年。
（34）白石太一郎「東国の古墳と古代史」学生社、二〇一七年。
（35）甘粕　健・小宮まゆみ「関東における前方後円墳の消滅」『考古学研究』第三〇巻第一号、一九七九年。
（36）新納　泉「装飾付太刀と古墳時代後期の兵制」『考古学研究』第三巻第三号、一九八三年。
（37）和田晴吾「古墳文化論」歴史学研究会・日本史研究会編　第一巻『東アジアにおける国家の形成』東京大学出版会、二〇〇四年。
（38）岩永省三「階級社会の道への路」佐原　真『古代を考える稲・金属・戦争』吉川弘文館、二〇〇三年。
（39）田中晋作『古代古墳群の解明へ　盾塚・鞍塚・珠金塚古墳』新泉社、二〇一六年。
（40）橋本達也「築造周縁における境界形成」『考古学研究』第五八巻第四号、二〇一二年。

（『待兼山考古学論集Ⅲ』大阪大学考古学友の会、二〇一八年三月）

3　五世紀の難波と法円坂遺跡

1　法円坂のクラ

法円坂の倉庫群をめぐって、建築史の専門家からすでに詳しい報告書が出されている。これを基礎としながら、この倉庫群について考古学から考えてみたい。とくに五世紀の難波《なにわ》をめぐる考古学の近年の成果をもとに、法円坂の倉庫群がどのような意義を持つのかに焦点をあて、有力首長の動向や渡来集団あるいは手工業生産の高揚や流通との関わりを考えてみよう。

クラの規模　まずはじめに法円坂の倉庫の容量がいかに大きいものかを明らかにしたいと思う。次頁の図は弥生時代から奈良時代の高床倉庫の平面形を比較したグラフである〔1〕。

古いところからみると、弥生時代の普通の倉はグラフの一番左の下にあり、面積では四〜一六平方メートルぐらいで、このなかには登呂の倉も入っている。古墳時代の倉になると九〜二六平方メートルぐらいのところに大体分布している。このグラフで真中に四五度の傾斜線をひっぱっているが、縦軸は桁行《けたゆき》、横軸は梁間《はりま》を示すので、この四五度の線から左上にいくほど縦長の倉、斜線に近づくほど正方形に近い倉を示す。これを目安にすれば、弥生時代の倉は長方形に、古墳時代の倉は少し正方形に近いことがわかる。さて、奈良時代になると、文献のほうからも遺跡のほうからも多面的に研究することができる。遺跡例を一つあげているのは福岡県の小郡遺跡の奈

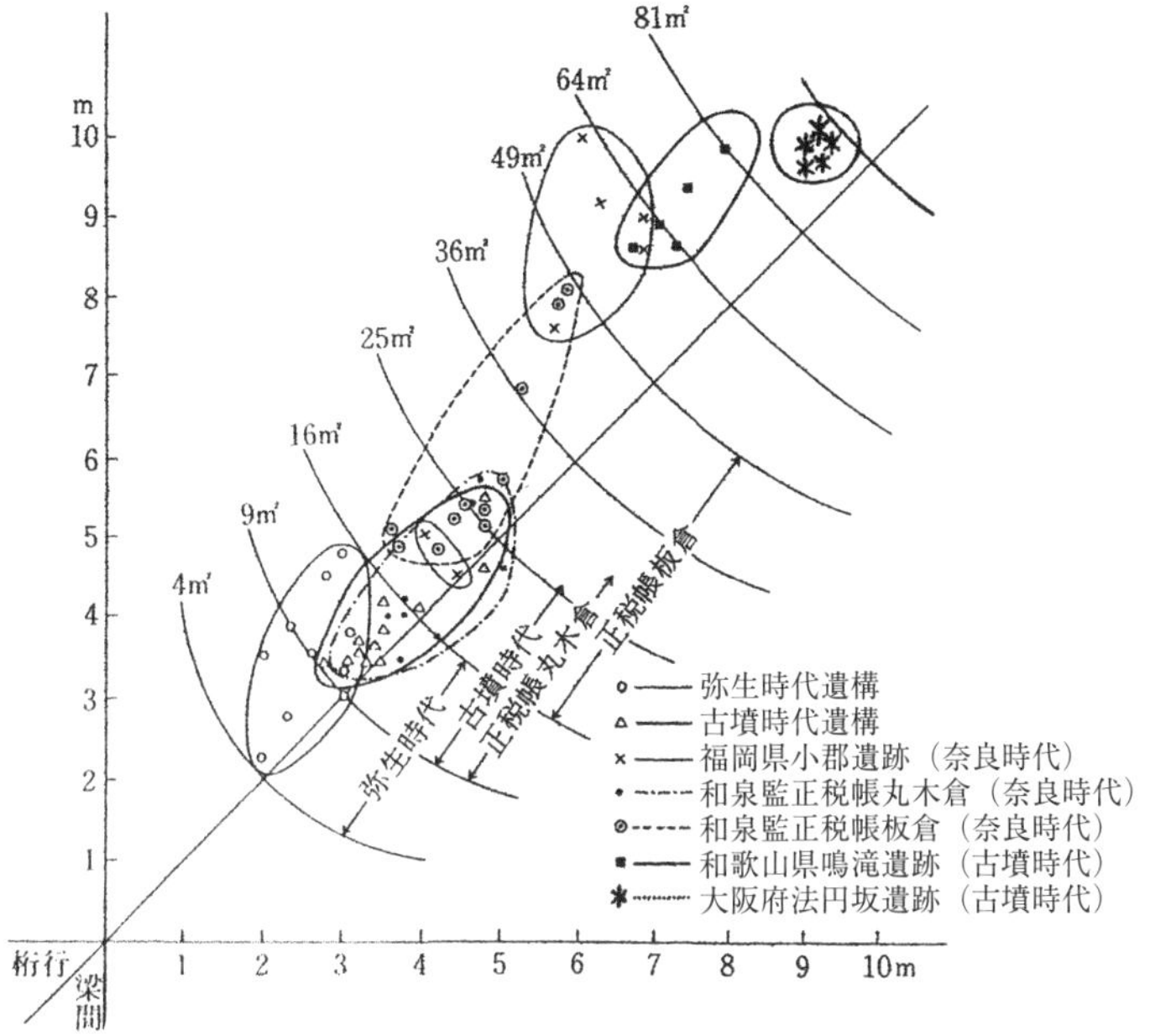

高床倉庫の面積比較

良時代の郡衙かと言われているものであるが、この場合で二〇～六〇平方メートルだ。大阪に近いところでは、「和泉監《いずみげん》」の正税帳に出てくる倉がある。これには大きく分けて丸木倉と板倉という表記があるが一般に丸木倉のほうが小さく、板倉が大きい。これを分析された舟尾好正氏の研究は重要で、大いに参考になる[2]。そこでは倉の並べ方、配置を復元しており、丸木倉というのはかなり古い時代から建っていた倉で、板倉というのは後に建てられたものではないか、という考証がある。また浅川滋男氏の報告の中に丸木を校倉のように積んでいく倉のことがあったが、「和泉監」の丸木倉というのは一体どういうものなのか、よく解っていない。丸木を縦にした通し柱と考えるのか、校倉のように丸木を横にして壁体として累積させたものか議論は続くだろうと思う。それはさておき、「和泉監」の正税帳の倉は小さいものは九平方メートル、大きいものは五〇平方メートルぐらいある。そういうものと比較しても平均九三平方メートルにもなる法円坂の倉は非常に大きいことがわかる。今から五年前に和歌山県の鳴滝遺跡が発見され、六〇～八〇平方メートルという、その規模は古墳時代で最高であったが、法円坂はそれを抜いてしまったのである。

収納物と容量　次の問題はこのような倉に何を入れたのか、あるいはどれくらい入るのかという問題である。これについては建築史の先生にもっと詳しく教えていただきたいのだが、法円坂の倉に匹敵するような大きさの倉は奈良時代でもなかなか無い。しかし、現在われわれの見ることのできる正倉院の南倉・中倉・北倉を合わせた一単位が大体法円坂の一つの倉に近いので、ここから一つのイメージをつくることができる。

記録に出てくる大きい倉は、延喜一〇年（九一〇）の文献「越中国官倉交替帳《えっちゅうのくにかんそうこうたいちょう》」の中に、少し長方形であるが、長さが約一五メートル、幅が約八メートル、面積では一二一平方メートルという、法円坂より少し大きいものがある。この「越中国官倉交替帳」に出てくる倉の場合は床の上の高さと、そのなかに米を積んだ時にどれだけ積むかが記録されている。[3] 床の高さは、四・八メートル、米を積んだ積高というのは四・五メートルとなる。これを参考にすると、法円坂の倉の場合もそれぐらいの高さで、またそれだけの積高をもっていたと考えてもいいのではないだろうか。

もし、四・五メートルという数値がよいとすれば、法円坂の倉庫一六棟の全容量は三万七千石という数値になる。ただし解釈はそこから分かれる。まず第一点は、あの一六棟が本当に同時に建っていたかどうかである。西群のものと東群のものと方向がわずかにずれている。だから少なくとも建てた時期は違うらしい。もし、西群か東群のどちらかが全部壊されてしまって立て替えられたとすると、総容量は半分ぐらいに落ちてしまう。第二の問題はあの倉の中に何が入っていたのか。米がぎっしりと入っていたとすれば三万七千石ということになるが、米ばかりと限らない。倉というものはいろんな重要な貢ぎ物を納めるのであって、布が入っていたかもしれないし、あるいは武器が入っていたかもしれない。また全部が米であったとして奈良時代において倉庫に米を収納するには二種類の方法がある。一つの方法は籾の「穀《こく》」、もう一つは、稲の穂束のままの「穎《えい》」だ。穎であるか穀であるか、いずれかによって容量は変わってくる。普通穂束で収納した場合は穀の三分の一ぐらいとされている。実際に奈良時代において穎と穀と両方が併用されているが、これは根刈りや穂刈りという技術の問題だけではなくて、種籾を選別して、早くとれた米と遅く収穫できた米を穂束でわけ、それによって稲の品種改良も意識的に行うことができる。そういうこともあって、新しい時代にも穂束のまま収納することが併用されたのである。

法円坂の倉の容量の計算については、このように、同時にどれだけ建っていたか、米が何棟の倉に入っていたのか、さらに穎であるか穀であるか、最低このぐらいのことを、はっきりさせておかないと大きく変わるわけである。このうちの最高値、つまり米が一六棟全部入っており、しかもぎっしりと穀で入っていたと仮定して三万七千石ということになり、その仮定を変えることによって、その半分になったり、三分の一になったりする。

広大な耕地の租税　さて、この三万七千石の米を収納するには、どれだけの水田の収穫が必要であろうか。当時の田の収穫がどれだけあったか、これも確かには解らないけれども、奈良時代には上田・中田・下田・下々田の四等級を設けており、一番収穫率の低いところで反当たりで五斗という数値が出されている。古墳時代の平均を中田、あるいはもう少し低目にみてもよい。たとえば、反当たり七斗五升と仮定してみると、三万七千石のためには五千町歩の水田が必要になる。最近そんな広い水田は一度に見渡すことはできなくなった。一〇世紀の摂津国の「輸《ゆ》租帳《そちょう》」に出てくる摂津国の総田数は一万二千五百町歩といわれる[4]から、その半分の広さに匹敵する。あるいは大きな郡の平均的な耕地面積が千町歩ぐらいだとすれば、五～六郡の耕地面積に相当すると言いかえてもよい。これは非常に大きい。ただ問題は秋に穫れた米を全部収納して五千町歩必要というわけだが、そんなことをしてしまったら実際に米を作っている農民は飢え死んでしまう。現在、われわれは税金で苦しんでおり消費税三パーセントをとられてあえいでいる。それは当時においても同じだ。

いくら大王の権力が強いからといって、やはり五千町歩の水田の一年分の収穫を全部収奪するのはとても無理である。たとえば、三パーセントの税金だと三三倍することになるから一六万町歩ということになる。税率が一〇パーセントだと五万町歩が必要になる。それでも大きい数値である。したがって、一年の収穫で一度に収納するのではなく、何年もかかって米を蓄積したと考えるべきであろう。

以上の問題は法円坂の倉の床から上の部分の話にすぎない。

倉下の利用　問題としたいのは、床から下の部分である。古代の文献には「倉下《くらした》」と記録されている。〔5〕さきほど植木氏や浅川氏も倉下をどのように利用するかを問題とされた。たとえば福岡県の湯納《ゆのう》遺跡で倉下の利用がうかがえる。あるいは奈良県佐味田宝塚《さみだたからづか》古墳の家屋文鏡に描かれた高床倉庫の床下に、網代《あじろ》のような表現があって、高床の下の周囲に囲いがしてあるらしいことも解っている。

さらに新しい事実がある。和歌山県の鳴滝《なるたき》遺跡では七棟の倉が並んでいて、その内一番北側の一つの倉の柱穴から大きな甕のかけらがぎっしりと詰まって出てきた。どの柱穴にも甕の破片が入っており壮観であった。あの大きな甕のかけらがぎっしり柱に埋まっているということがなければ五世紀前半という時代が決らなかったのである。これらの甕の破片は年代の決め手になっただけでなく、倉下の利用方法の大きなヒントを示している。おそらく大きな甕が鳴滝の倉の床下にぎっしり並べて置かれてあったに違いない。最近、長岡京の役所跡で、大きな掘立柱の建物の家の床に、直径一メートルぐらいの半円形の穴が累々と列をなしたものが見つかっている。当時は液体を貯蔵するのに甕を並べて貯蔵するという方法があった。奈良時代以降については良く解っている。大甕のこのような利用の仕方がすでに五世紀の前半に和歌山の鳴滝遺跡にあったという事実、これは非常に重要なことである。かつて倉下の利用法について、いろいろと論争があったが、考古資料によってまずその問題は解決したのではないかと思う。

須恵器の大甕の中に何を入れたか。これも種籾を入れたという説が出てくるかもしれない。あるいは液体を入れたとも考えられよう。液体といっても水、酒、油など色々ある。このようなことも、大甕のかけらの脂肪酸分析をすることによって、油が入っておれば獣の油であるか、植物性の油であるか、そういうことも解明できるはずである。すでに中世においてはそういう研究がある。こうなってくると、倉庫の利用問題については、五世紀代においても床上だけでなしに床下の利用も含めて話は多面的に広がっていくであろう。

倉庫群を管理する施設　つぎに「管理した人はどこにいたか」という疑問が当然でるだろうが、これまた大変な宿題で未解決だ。法円坂遺跡の発掘において出てきたあれだけの倉庫群を守るためには、囲いの柵列があるはずだ、ということで発掘担当者はやっきになって穴という穴を拾いあげて柵にならないか検討しておられるが、現状では五世紀の柵列あるいは溝などはまだ見つかっていない。さらにあの倉を管理する人達が住んでいた役所、あるいは番人小屋といったものさえ解っていない。ところで七世紀の前期難波宮の倉庫群が五世紀の倉庫群の北側に少しずれて出た。他方、七世紀の宮殿と官衙はその東にある。七世紀において宮殿や官衙の西側に倉を置くというような一つの全体の地割りのレイアウトがもしあるとするならば、このレイアウトにはなにか地形的な条件や交通路や港などの位置関係があるはずである。そうなってくると、今のところ難波宮の下層においては、五世紀の宮殿や官衙は見つかっていないわけであるから、それ以外の東側を探していくなら、現在のＮＨＫの建物の下などは五世紀の倉庫群の管理棟の候補地になるかもしれない。倉庫群をとりまく柵列や管理施設などは現状では未解明であり、今後の調査によって解決すべきことであるが、現状の成果によっても、この法円坂の地が五世紀における大王権力の政治的、経済的な根拠地の建物であることは間違いなかろう。

2　五世紀の湾岸の古墳

四世紀末・五世紀初めの画期　法円坂の倉庫群が五世紀の大王権力の政治拠点の一つを示すものとすれば、この政治拠点のさらなる解明には古墳分布の分析が必要になろう。そこで次に大阪湾岸の五世紀の古墳分布について考えてみたい（一九一頁図参照）。

ところで河内平野を中心として、その南には古市古墳群、その西には百舌鳥古墳群がある。さらに上町台地にも古墳群がある。大阪湾岸を北上すると猪名川河口付近の現在の尼崎市から伊丹市南部にも古墳がある。池田山古墳とか御願塚《ごがづか》古墳など五世紀のもの、また六世紀には園田大塚山古墳などがある。猪名川をさらに上流に上っていくと豊中市には桜塚古墳群がある。この数年、豊中市の教育委員会が発掘調査をして、大塚《おおつか》という大きい円墳あるいは御獅子塚《おししづか》という前方後円墳など五世紀代の古墳の様子がわかってきた。こんどは淀川を少しさかのぼると、茨木市に太田茶臼山古墳を中心とした三島古墳群がある。このうち、三島古墳群と古市古墳群とが少し内陸に入っているが、それ以外は大阪湾と河内の湖を取り囲むように立地している。ここに五世紀の難波を考える重要な資料がある。これらの五世紀の古墳は、それぞれ特徴を持っていて、その第一は大阪湾を取り巻く交通の要衝、とりわけ水上交通の要所に位置していることである。第二にこれらの古墳群では全て四世紀の末頃に先駆け的に大きなもの、あるいはそれほど大きくなくとも注目すべき前方後円墳がでてくる。古市古墳群の場合では津堂城山《つどうしろやま》古墳があるし、百舌鳥古墳群には全体に先駆けて乳ノ岡《ちおか》という古墳がある。上町台地古墳群では御勝山《おかちやま》古墳が先駆的なものにあたるだろう。猪名川左岸では大石塚・小石塚の二つの古墳がそうである。そのように、五世紀のある段階から一気にということでなく、四世紀末ないし五世紀の初めに一つの先駆けがあって、そこを拠点にして古墳群の形成がある。この地図（一九一頁図）に入っていないが、さらに西にいくと神戸の五色塚古墳、これも四世紀末から五世紀である。逆に大阪湾をずっと泉南のほうに下っていくと、淡輪のところに宇度墓《うどばか》古墳とか西陵《さいりょう》古墳という、また五世紀前半の古墳がある。いずれも瀬戸内の海上ルートを大王権力が掌握する際に支えになる有力な豪族の拠点を示しているのではないか。

ここまで述べれば、文献古代史に関心ある方々はすぐに思い出されるであろう。直木孝次郎氏〔6〕や門脇禎二氏〔7〕が主張する葛城《かつらぎ》氏の活躍との関わりだ。葛城氏は大和西南部に拠点を置いて、大和川水系を掌握しながらさらに河内に拠点を置き、しかも水上交通の面で瀬戸内海さらに朝鮮半島に活躍した氏族だ。葛城氏というと仁徳天皇の妃になった磐之媛《いわのひめ》を出したことも有名な話である。五世紀の大王家に葛城氏が有力氏族として重要な支えになっている。このことは古代史において現在有力な学説である。そういうことを考える上で、先述の古墳の分布は、考古学の資料から考えるよりどころを与えるわけである。

鉄資源と王権　五世紀は日本列島内だけではなく東アジア規模の交流が非常に活発になった時期である。有名な讃・珍・済・興・武という倭の五王が中国の南朝に使いをしばしば出して称号を要求している。他方、朝鮮半島における倭の軍事的な行動がいろんな記録に残っている。このなかでも『百済記《くだらき》』に書かれている「サチヒク」という人が日本書紀に出てくる先ほどの葛城の「ソッヒコ」と同じ実在の人物で、朝鮮半島で活躍していたのではないかということも有力な学説である。このような東アジア規模の交流の中には友好的交流と敵対的交流の両方を含んでいると思う。当時の倭の大王権力はどうして朝鮮半島にあれだけ執着したのだろうか。大王たちは中国の南朝に対して「使持節都督《しじせつととく》」で始まり「安東将軍倭国王《あんとうしょうぐんわこくおう》」で終る称号を要求したが、朝鮮半島における覇権の承認をどうしてあれだけ求めたのであろうか。これを考古学から考えるとき一つ重要な問題は五世紀の鉄資源の確保ということではなかろうか。

一九九〇年六月、丹後の遠所《えんじょ》遺跡で製鉄の大きい遺跡が出てきたということが報道された。私も何度も現地を見学した（一八八頁図）。あの遺跡で重要なのは奈良時代の製鉄のタタラだけでなく、タタラで使う燃料の炭を作る炭窯が見つかったことだ。炭窯に至っては時代の不明なものを

遠所遺跡の製鉄遺構

写真提供：(財)京都府埋蔵文化財調査研究センター

含めて二〇〇基ぐらい見つかっている。

ここでは、運んできた鉄の原料を鉄に加工する一貫工程が解った。さらに重要なことに一部は六世紀まで、ことによっては五世紀の末までさかのぼる可能性がある。共伴する土器あるいは地磁気など自然科学的な方法で年代を測定している。現在岡山県の大蔵池《おおぞういけ》遺跡から六世紀後半の製鉄炉が見つかっているが、遠所遺跡はこれと同時あるいはさらに古い時期の可能性がある。列島の製鉄の開始が六世紀より古くどれだけさかのぼるか、これはまだ解らない。弥生時代終りに、あれだけ石器が完全に消滅して鉄器時代になった背景には、少数の鉄あるいは品位の悪い鉄を日本のどこかで細々と作っていた可能性が高いと思う。しかしながら、良質の刀剣や甲冑などのための品位の高い良質の鉄の産地としては、やはり朝鮮半島が有力な候補地だと私は思う。三国志の東夷伝の弁辰《べんしん》の条には弁辰で鉄を産出し、それを倭人も取りに来ているという事が書かれている。これは三世紀の話である。一方、五世紀になると、古墳からは短冊のような鉄板が出てくる、これを鉄鋌（ネリガネ）といっている。この鉄の成分を分析した結果、朝鮮あるいは中国産の可能性があるといわれている。そういうことを考えると、やはり五世紀に倭の大王権が中国南朝と交渉しながら、朝鮮半島での政治的経済的な活動の保障を求めた動機は明瞭ではなかろうか。その重要な理由はやはりこの鉄問題ではなかったかと思う。倭の五王の交渉は倭王武《わおうぶ》をもって中国の記録から姿を消している。ちょうどそれと入れ替わるように遠所遺跡や大蔵池遺跡のような鉄生産の遺跡の存在が顕著となっている。どちらが先か解らない。外交を断絶したから国内生産にふみきったのか、国内生産が可能になったから外交努力が不必要となったのか、どちらかはわからないけれども鉄資源の安定確保は当時の中央政権の生命線だったと考えてよいだろう。また鉄以外にも朝鮮には当時、茶碗をつくる陶器の技術やきらびやかな装身具、後に藤ノ木古墳に副葬されるような金属工芸品の点においても優れた技術があり、ここから先進的な技術を取り入れることも重要な契機だったと考えられる。

3　渡来集団の活躍

渡来集団と難波《なにわ》

一九一頁の図を見ていただきたい。これは田中清美氏の研究成果[8]だが、大阪湾岸では韓式《かんしき》土器と呼ぶ渡来系の土器が多数出土しており、その分布を示したものがこの図である。田中氏の研究によると大阪湾岸で出ているこの韓式土器は、朝鮮半島南部の伽耶《かや》地方のものと一番近い。したがって、ここにある土器は伽耶を故郷とする人がはるばるやってきて、持ち込んでここで生活し捨てていったものであろうという。そのような土器の中には、日本には従来なかった器種がある。土器の中に新しい生活様式が反映されていて、煮炊きする鍋用の把手の付いた土器とか、あるいは餅米などを蒸すための、底にいっぱい穴のあいた甑などが五世紀になって朝鮮から渡来集団によって伝えられたのである。

韓式土器の流行とともについ最近までわれわれの生活様式の中で一番重要だったヘッツイ竈《かまど》、これも五世紀に日本列島に普及したものだ。そのような生活様式をもたらしたのも渡来系の人達である。数年前に和歌山県の紀ノ川の河口付近でこのことを考える上で重要な遺跡が出ている。それは田屋《たや》という遺跡で、ここでは五世紀の初めの、一番古い時期の須恵器に伴って渡来系の韓式土器が出ている。さらに面白いことに、ここの竪穴住居は平面形は真四角であるが、竈が普通の竈ではなくて竈から家の中に粘土のトンネルを作って煙道としていたらしい。その後、七世紀の例かと思うが、大津市の穴太《あのう》遺跡でオンドル式の石組をもった住居が出てきた。そのことも考え合わせると、田屋遺跡の住居内煙道はただの煙出しではなくて部屋を暖める効果、すなわちオンドル効果を考えているのではなかろうか。こういう竪穴住居から韓式土器が出てくる。それがただ一軒だけではない、なん軒もある。紀ノ川を望むところにそういう集落がある。こういうものが渡来人集落だと私は考えたい。左頁の図で、韓式土器を出土した黒丸があるところ、こうい

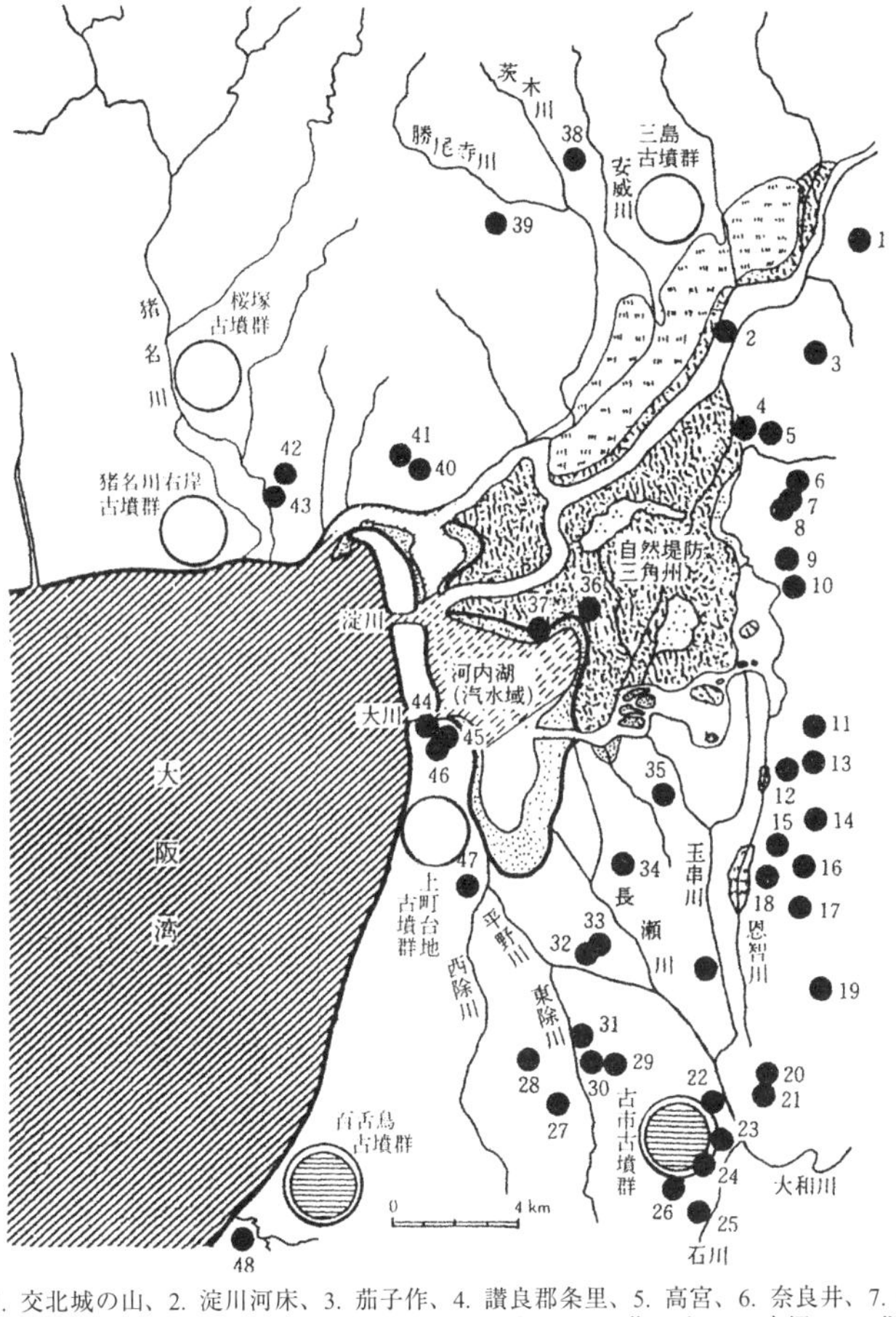

注：1. 交北城の山、2. 淀川河床、3. 茄子作、4. 讃良郡条里、5. 高宮、6. 奈良井、7. 中野、8. 南野米崎、9. 北条、10. 鍋田川、11. 日下、12. 水走、13. 芝ヶ丘、14. 鬼塚、15. 北鳥地、16. 縄手、17. 西代、18. 池島、19. 高安郡川 16 号墳、20. 大県、21. 大県南、22. 船橋、23. 国府、24. 土師の里、25. 高屋城、26. 狭山、27. 上田町、28. 瓜破、29. 八尾南、30. 長原、31. 城山、32. 久宝寺南、33. 久宝寺北、34. 新家、35. 上町、36. 茨田安田、37. 森小跡、38. 郡家川西、39. 郡、40. 五反島、41. 垂水南、42. 上津島、43. 利倉西、44. 安曇寺、45. 大阪城下層、46. 難波宮下層、47. 桑津、48. 四ッ池

出所：梶山彦太郎・市原実　1985 年、田中清美〔注 8〕に古墳群を加筆。

河内湖周辺韓式系土器出土主要遺跡分布

うところを将来大規模に調査すれば、田屋遺跡のような倭人とは違った生活様式や違った家の構造のものがかたまって集落をつくっている、ということも解明できるかもしれない。

倉の技術系譜　ここでもう一度法円坂の大型倉庫の話題にかえって考えてみたいと思う。浅川氏の報告を聞いて勉強になったのは奈良時代の正倉院の倉というものは高床だから南方系とよく言われるがちがうのではないかという主張である。これは私にとっては非常に興味深いことであって、法円坂の倉庫を考える上でもやはり重要な視点と思う。日本の古い文化は南方系か北方系か、いろいろ論争があるが、私はそんな単純なものではないと思う。あるときには南方的な影響が強く、あるときには北方的なものが重なる、それが古代日本文化の特質かもしれない。神話の問題にしても、農業の技術にしても、生活様式にしてもそうである。倉もそうかもしれない。法円坂の倉で先ほど述べなかった重要な一つの事実は巨大な構造をもつだけでなく、建築の方位が完全に北を向いていることだ。あの倉庫の配置は北極を見るかあるいは太陽を観測するか、いずれにしても優秀な専門技術・測量技術を駆使できる人でなければ、設計できないと考えられる。そこに、当時の優秀な渡来系技術が介在している。とすればここでいう渡来系技術の故郷はどこであろうか。中国の南朝と交渉していたから中国南方から技術者を連れてきたかもしれない、あるいは朝鮮半島の渡来人の技術系譜につながるのかもしれない。ところで木材を加工する技術は五世紀に飛躍的に発展を遂げる。古墳から出てくる鉄器の大工道具をみると四世紀末～五世紀の初めにそれまでなかった大工道具が多数出ている。たとえば三重県石山古墳の埴輪の家の中に棟木を支える「束」、非常に特殊な技術である「斗束《ますづか》」ともいうものが出ていて、これも四世紀末～五世紀の初めのものである。文献の方から言うと、「雄略紀《ゆうりゃくき》」に猪名部《いなべ》の活躍が記録されている。猪名部は建築技術で優秀な技術をもっていたことで有名である。猪名部はおそらく渡来系集団と考えてよいだろう。

猪名部の活躍した拠点の一つと考えられる猪名川の河口に古墳群が顕著に形成されるのが五世紀である。この集団は巨大な建物の建造とともに造船技術との関わりも考えておいてよいのでないか。つまり立派な高床倉庫も五世紀の準構造船（丸木船を船底にして舷側板などを加えた船）も、その建造に渡来系の人達の活躍は大きかっただろう。

倉人と初期官制　ところで法円坂の倉の管理はどのような人があたったのだろうか。倉のオーナーは恐らく大王権力だとしても、実際に倉の近くにいて管理する人が問題になる。直木孝次郎氏は今から四〇年近くも前に、「人制《ひとせい》の研究」という有名な論文を発表したが、[9]ここ十数年の考古学の成果とあわせて考えるとき、この論文は発表された当時以上に重要な意義を持ってきたと私は思う。

直木氏は依拠する記紀の性格から考えて種々の問題は存在するとしても「人制」は遅くとも六世紀には存在すると主張した。ところが、埼玉県稲荷山古墳の鉄剣には「杖刀人《じょうとうじん》」、熊本県江田船山古墳の刀に「典曹人《てんそうじん》」の銘文があり「人制」が五世紀にさかのぼることが金文資料で実証できることになった。直木論文で指摘されている「人」の中に史《ふひと》（物書き・記録）、あるいは酒人《さかひと》（酒造り）、そういうものと並んで倉人《くらひと》がいる。このクラには「倉」の字を使う場合と「蔵」を使う場合と両方があるが、倉を管理する「倉人・蔵人」というものが五世紀に遡る可能性が高いという点は重要である。さらに「倉人・蔵人」には一つの特徴があって渡来系の人々であることが多いとの直木氏の指摘も大切である。ここで私がさっきから論じてきた論点がやっと全部一つに収斂していく。つまり、倉庫の建築技術、倉庫に物資を運んでくる船の建造技術、倉庫の番をし管理する人、これらに渡来系の技術者や役人が関与していたということである。つまり、五世紀の大王権力の支配機構に渡来系の官人や技術者が多数入りこんでいたことがわかるのである。

4　鉄・塩・陶器の流通とナニワ

ナニワの政治中枢　最後のまとめに入りたいと思う。五世紀の大阪を取り巻く状況として忘れてならないことは、大阪南部の堺市の陶邑《すえむら》を中心に日本で初めて茶碗を焼く煙があがったことだ。これ以外に千里山や現在の河南町の一須賀《いちすか》の地にも窯跡がある。この中でも陶邑の生産の量が一番多かったようである。また生活に欠かせない大切な塩、これも大阪湾の南の方、泉州から紀淡海峡で生産された。

もう一つは鉄器生産である。さきほど、鉄生産では遠所遺跡をとりあげたが、鉄器生産については花田勝広氏の最近の重要な研究がある。〔10〕それによると、大和は東に石上《いそのかみ》、西に忍海《おしみ》、大阪では現在の柏原市の大県《おおあがた》付近、それから少し北の方に行くと、東大阪市の石切付近、それから百舌鳥古墳群の少し南側、こういうところにトンテンカンの小鍛冶の遺跡が密集している（一九六頁図）。なかでも天理の布留《ふる》遺跡では鍛冶だけでなく、刀をつくるための木の鞘や柄を加工する途中の未製品が出ていて、刀つくりの工房がそこにあったことを示す。武器生産工房の場所が示唆されるわけである。さらに重要なのは、このような鉄器生産遺跡の急増期が五世紀の後半だということだ。これらの鉄器生産地と先に述べた五世紀の古墳の動向とを比べてみるとさらに興味深い問題が指摘できる。たとえば、猪名川の下流域に鍛冶跡の遺跡があるが、そこには猪名川右岸の古墳群がある。あるいは百舌鳥古墳群の周囲にも鉄器生産の集中地域がある。これらを重ね合わせていくことによって五世紀における武器の生産に関して、それに関わった有力首長や、その技術の最先端を担った渡来系の人達の動向が解明できる。つまり、五世紀の難波の地は、生活必需品の鉄や塩や茶碗の生産地であり、またそれらの生産物は難波の港を介して各地に輸出され、その原料が朝鮮半島から難波の港に輸入された。難波は物資流通においても拠点的な役割を果たしていたことがよくわかる。こうみてくると難波は物資流通の拠点であり、その拠点を握っていたものこそ五世紀の倭の大王権力ではなかったか。

法円坂の倉庫群は単に倉庫があるというだけで重要なのではなく、その周りにある渡来系の人達の土器を出す集落とか、鍛冶場とか、まだ見つかっていない港、そういうものと有機的に結び付けてこそ、遺跡の歴史的意味がぐっと浮かび上がってくる。それらが総合的に解明されるのは時間の問題だろう。五年先、十年先にはかなり明らかになるだろう。その時にあの倉庫群が遺跡

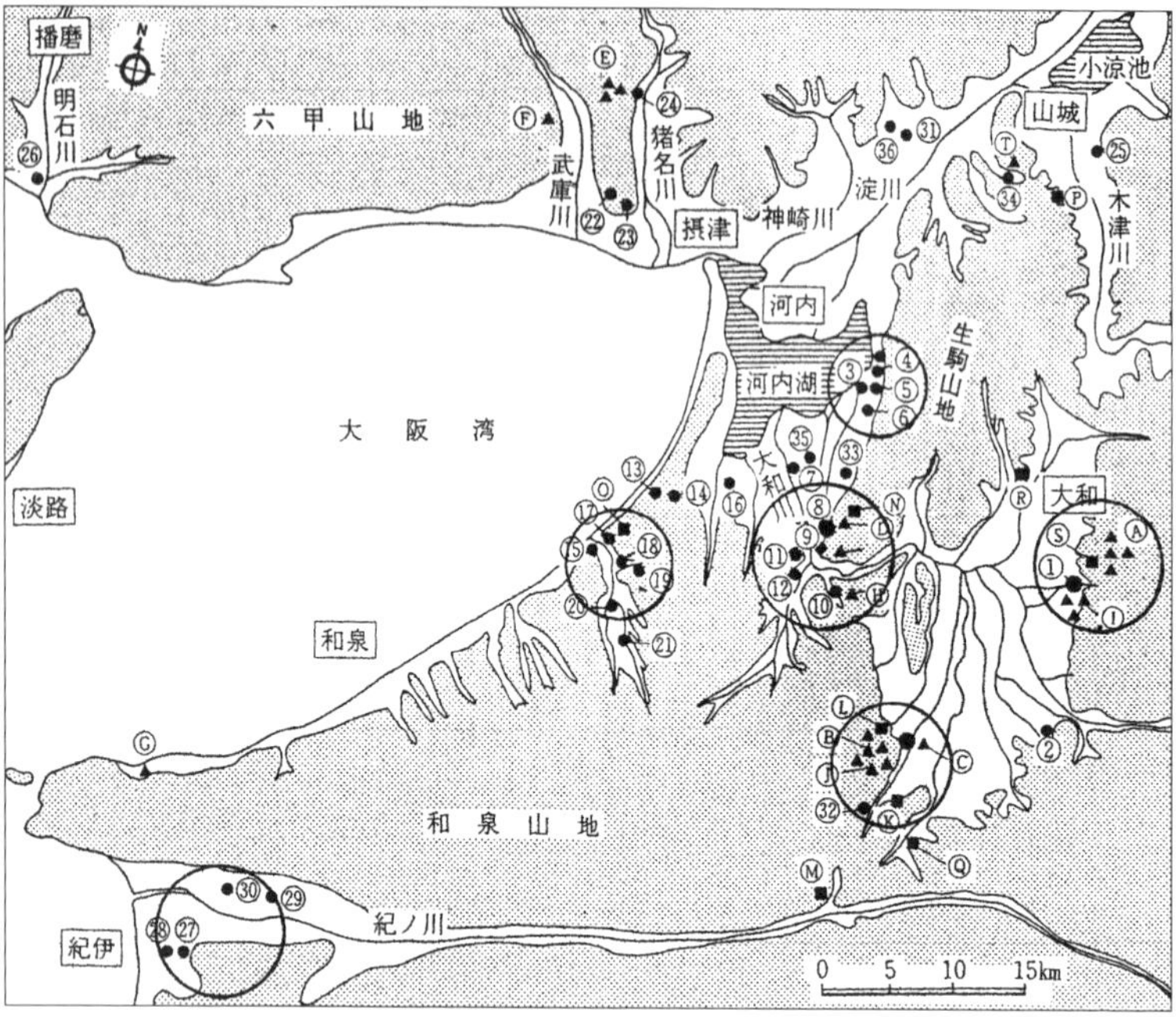

大阪周辺の鉄器生産関係遺跡の分布
●鍛冶集落（鉄滓・鞴羽口）、▲鉄滓出土古墳、■鍛冶工具出土古墳。
花田勝弘〔注10〕の図に加筆。

として立派に整備されていて、なるほどなあと納得できるようにもっていきたいものである。

現在、建物計画をめぐって色々難題はあるがこのことを理解していただけるなら、大阪市長さんも「よしやったろう」と賛成されるに違いない。そう確信してこれで私の報告を終えたいと思う。

注

〔1〕都出比呂志『日本農耕社会の成立過程』岩波書店、一九八九年、二四五頁。
〔2〕舟尾好正「古代の稲倉をめぐる権力と農民」上・下、『ヒストリア』六九・七四号、大阪歴史学会、一九七五・七七年。
〔3〕村尾次郎『律令財政史の研究』吉川弘文館、一九六一年、一六六頁。
〔4〕泉谷康夫「畿内の荘園と農民」坪井清足・岸俊男編『古代の日本』五、角川書店、一九七〇年、三二〇頁。
〔5〕薗田香融「倉下考——古代倉庫の構造と機能」『史泉』六号、関西大学、一九五七年。後に同『日本古代財政史の研究』塙書房、一九八一年所収。
〔6〕直木孝次郎「河内政権と難波」『新修・大阪市史』第一巻、一九八八年、五二三〜五二八頁。
〔7〕門脇禎二『葛城と古代国家——河内王朝論批判』教育社、一九八四年。
〔8〕田中清美「五世紀における摂津・河内の開発と渡来人」『ヒストリア』一二五号、大阪歴史学会、一九八九年。
〔9〕直木孝次郎『日本古代国家の構造』青木書店、一九五八年、一四六〜二一五頁。
〔10〕花田勝弘「倭政権と鍛冶工房——畿内の鍛冶専業集落を中心に」『考古学研究』三六巻三号、考古学研究会、一九八九年。

（『クラと古代王権』ミネルヴァ書房、一九九一、に加筆）

コラム

郷土の個性を探す

この五月に、朝日新聞が三ページの全面広告の特集を組んだ。「イベント新時代—郷土をどう興すか?」

これには、近畿百数十の府県と市町村が、それぞれ自治体のセールスポイントを盛り込んだ二百~五百字ぐらいの文章を寄せ、それは小さなコラム風に並べられて紙面を埋めた。

「ふれあいの場」「豊かな活力」「国際的視野」など流行用語がどこにもみられた。しかし、私を驚かせたのは、「名所・旧跡」「歴史の伝統」「万葉のふるさと」「古墳」などの言葉がやたら多かったことだ。急に興味が湧いて、これら郷土の文化財を強調した個所に赤線を引いて数えてみたら、半数の自治体が、何らかの形で郷土の文化遺産や歴史的伝統をアピールしていた。

文化財に言及しない場合でも、風光明媚や自慢の自然環境をうたいあげたところが多かった。企業誘致、ニュータウン造成などのコマーシャルが全盛だった二十年前と比べると隔世の感がある。一九六〇年代に古墳の保存を求めて自治体に陳情に出かけ、けんもほろろの応対にくちびるを噛んだ私など、この変化の意味を、いま、かみしめる。

JR・私鉄を問わず、どの駅で降りても、駅前の景観は類型的だ。ハンバーガー、ラーメン、寿司、一杯飲み屋のチェーン化が進んだ。焼鳥の味はいずこも同じ。電気仕掛けの看板の色も赤地に黒または黄色地に赤。酔っぱらって電車に乗って、自分の駅を通り過ぎたことにさえ気付きにくいほどよく似た駅と駅。千鳥足でたどりついた我が家は、どこにもある高層団地。

こんな環境で、我が街、我が駅前の個性を求める人々は急速に増えている。ふるさとの文化遺産の掘り起こしは街の個性を見直す一つの契機になるにちがいない。それが一時的なイベントに終わることなく、住民本位の街づくりにつながることを望んでいる。

（『神戸新聞』一九八九年一一月二一日夕刊より転載）

第8章　継体朝という時代——鉄をめぐる争い

本章は京都府宇治市制四〇周年のシンポジウムでの講演録を一九九五年に刊行した『継体朝の継』（河出書房新社）の内容を加筆訂正した。

まず継体朝《けいたいちょう》という時代が、現在、学界でどのように問題となっているのか、また、どのように理解されているのか、そのようなことをかいつまんでお話をしたいと思います。

私の専門は考古学でして、「継体朝」という用語は、『日本書紀』や『古事記』などの文献史料に出てくる、「継体天皇」なり「継体大王《だいおう》」という人物が存在した時代、そういう時代概念です。すなわち、記録にあがっている時代の名称ということになります。

私は文献には素人ですが、まず、この文献での問題からお話をしてゆきたいと思います。「継体朝」、年代では六世紀前半ですが、この時代はさまざまな意味で、まさに激動の時代であった、私はそのように考えています。

『日本書紀』に書かれている「継体大王の時代」には、大きく三つのことが重要な柱として取り上げられています。

一つは、継体大王という、前王統と関係薄い人物が登場したのだということ。二つめは、この時代に九州北部の筑紫《つくし》で筑紫君磐井《つくしのきみいわい》が反乱を起こしたということ。そして三つめが、朝鮮半島との関係です。朝鮮半島の南部は『日本書紀』では「任那《みまな》」と書いてあります。年配の方はこの言葉で勉強されたと思いますが、地域でいいますと韓国の釜山《プサン》から高霊《コリヨン》などのあたり、今では「伽《か》耶《や》」と呼びます。ここに「任那日本府」というものが置かれていて、倭人が出かけていったと『日本書紀』は書いています。朝鮮半島で、新羅《しらぎ》・百済《くだら》という諸国と倭が伽耶地域の支配をめぐって対立をしていた。そのようなことが、大きなスペースを割いて書かれています。

私は、この三つの記事はそれぞれ密接に関連しあっていて、六世紀前半、すなわち継体朝という時代を理解するうえで、たいへん重要な事柄ではないか、そのように考えています。

本日の討論を行ううえで、皆さんとの共通認識を得るために、この三つの問題について最初に取り上げてみたいと思います。

継体登場

まず、継体大王の登場について考えてゆきたいと思います。

『日本書紀』に書かれている継体大王の記事を簡単にまとめると、次のようになります。

武烈《ぶれつ》天皇死後、王統が絶えた。武烈天皇は応神《おうじん》・仁徳《にんとく》天皇から続く王統の最後ですが、この武烈に子供がいないため、王統が絶えたと書かれています。ですから群臣は全国に王統を継ぐ人物を探して、最終的に応神天皇五世孫のオオド王に白羽の矢をたて、彼を越前《えちぜん》から迎えた。このオオド王が継体大王です。

西暦に直しますと、五〇七年にオオド王は樟葉宮《くずはのみや》で即位します。樟葉宮は京阪電車の駅名にありますように、大阪府枚方市樟葉のあたりに比定されています。淀川の左岸となります。そして、その後筒城宮《つつきのみや》に移ります。筒城宮は京都府南部の綴喜郡田辺町、現在同志社大学の田辺キャンパスがありますが、そのあたりに宮を移します。さらに、弟国宮《おとくにのみや》に宮を移しています。弟国宮は、筒城宮のすぐ南、現在の長岡京市の北側のあたりと考えられています。

このように淀川流域の地で宮を転々と移して、即位後二〇年目と書かれていますが、やっと大和の磐余玉穂宮《いわれたまほのみや》に入る、そのような話となっているわけです。

このような『日本書紀』での継体の記事は、それ以前の大王の即位記事などと比べて、かなり違う内容となっています。つまり、以前の代々の大王と比べてみると、即位までの過程にしても、即位後に宮を転々と移し大和になかなか入れないことにしても、異常な内容となっているわけです。ここが、継体朝の成立をめぐって、さまざまな議論が提出される原因であります。

磐井戦争

次に「磐井の乱」について、少し見てゆきましょう。

「磐井の乱」とか「磐井の反乱」とか呼ばれていますが、「磐井戦争」と呼ぶ学者もおられます。つまり、どういうことかというと、「乱とか反乱とかは畿内に対する反逆者が起こしたものという意味の言葉である。磐井も九州の王であり、畿内の王と対等のはずだから、反逆者ではない。だから磐井戦争という言葉を使うべきだ」、ということです。

磐井戦争の発端について、『日本書紀』には次のように書かれています。

西暦五二七年、継体二一年のことですが、朝鮮半島「任那」の領有権問題を解決するために継体が率いる畿内政権は、近江臣毛野《おうみのおみけぬ》を将軍とする六万の大軍を朝鮮に派遣しようとした。このときに北九州で筑紫君磐井がその行く手を遮った。これが磐井戦争の発端となるわけです。また『日本書紀』には、磐井が朝鮮半島新羅と密かに通じていた、そのようにも書いてあります。

この争いは、五二七年の夏六月から翌年の一一月まで北部九州を巻き込んで、たいへん大きな戦争に発展してゆくことになります。この戦争の結果、磐井は敗北します。そしてその子・葛子《くずこ》は、死罪を免れるため自分の土地の一部を差し出した。それが後の糟屋屯倉《かすやのみやけ》である、と書いています。

現在、この筑紫君磐井の墓は、福岡県八女《やめ》市にある岩戸山《いわとやま》古墳とされています。石人・石馬で著名な古墳ですが、『筑後国風土記《ちくごのくにふどき》』に書かれている記事と一致しておりまして、学界では大半の人が磐井の墓と考えています。

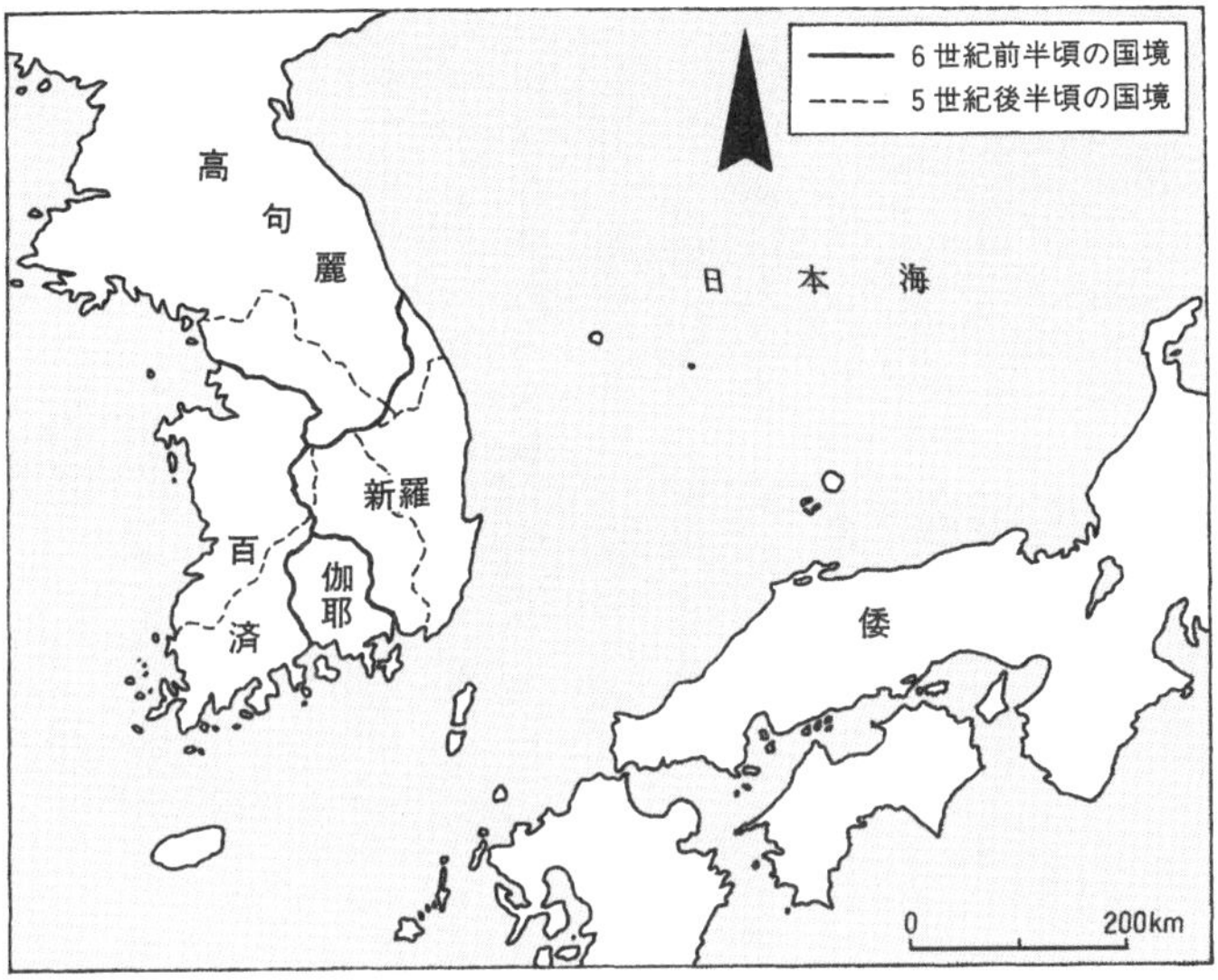

継体朝頃の朝鮮半島

倭と朝鮮半島

最後に、朝鮮半島南部の「任那」、すなわち伽耶地域をめぐる、新羅・百済そして倭のかけ引きについて見てゆきましょう。

この問題につきまして、第二次世界大戦後このかた、『日本書紀』に書かれている「任那日本府」というものが存在したか否か、たいへん激しい議論があります。しかし、ここではこれについては述べません。

中国の東北地方吉林《きつりん》省集安《しゅうあん》県に、有名な「広開土王《こうかいどおう》碑」があります。私は六年程前にこの碑を訪ね、つぶさに見学することができたわけですが、この碑には西暦三九一年に倭が朝鮮半島に侵入し、百済や新羅の軍を破って人々を「臣民」にした、そのようなことが書かれています。ただし、この「広開土王碑」は、高句麗《こうくり》第一九代国王広開土王の功績を称《たた》えるために建立された性格の碑でありまして、「倭が大軍で侵入してきたがそれを広開土王が打ち破った」、そのように書いてあるわけです。

この碑文についてはいろいろ議論がありますが、四世紀後半以来、倭が朝鮮半島に軍隊をくり出していたことは事実のようです。

最近、韓国の南部で四世紀から六世紀にかけての古墳が精力的に発掘調査されていますが、その出土品の中には、実際に当時の倭人が朝鮮半島南部に渡来している事実を示すと考えてよいものがあります。また同時に、朝鮮半島に住む人々が多数日本列島に渡来してきた、その事実を示すものが日本の古墳出土品の中にもたくさん認められます。

当時の玄界灘《げんかいなだ》、朝鮮半島と日本列島を分ける海峡ですが、ここには現在のような国境、たとえば日本と大韓民国や朝鮮民主主義人民共和国とを分ける厳然とした境というものはなくて、もっと密接な交流が展開していた、と考えられます。

たとえば、古代の畿内の人々にとって、朝鮮半島伽耶《かや》地域の人々というのは、群馬県や埼玉県あたりの毛野《けの》や九州の筑紫《つくし》の人々とあまり違わない、それほど身近な人々であった、そういう感覚を念頭に置いてもよいのではないか、そう考えます。

伽耶の鉄

では、なぜ倭人は朝鮮半島へ出かけていったのでしょうか。その理由について、私は最近の考古学の成果から次のように考えています。

実はいろいろな要素が考えられるのですが、「鉄」をめぐる問題、これが最も重要な点だと考えます。

弥生時代の終り頃、年代的には二世紀の後半頃になりますが、日本列島では石の道具、すなわち石器が完全に消滅して、鉄の時代に移行します。

現在我々は、「石油がない」「電気がない」ということになれば、たとえばこの会場である宇治市文化センターは真っ暗になり、使用不能になってしまいますね。このような、現代社会で最も必要とする石油などの物資を外国に頼らなければならないのは、今の日本の大きな制約となっています。

そして、現代日本が石油に関して持つ制約と同様な問題が、三世紀から五世紀にかけての日本列島では、「鉄」という資源であったと考えます。

発掘調査の成果では、六世紀の後半になると、岡山県大蔵池《おおぞういけ》遺跡とか京都府北部の弥栄町遠所《やさかえんじょ》遺跡で鉄の生産をしていることが解ってきました。しかし、五世紀以前の鉄の生産遺跡については、まだ確認がされていないわけです。ただし今後、全国で発掘調査が進めば、日本の製鉄遺跡は、粗悪な鉄が出土する三世紀後半まで遡る可能性がないこともありません。しかし、少なくとも良質の鉄、たとえば身を守る甲冑《かっちゅう》や刀剣に使えるような良質の鉄については、朝鮮半島からの輸入に頼っていた、このことは変わらないものと思います。

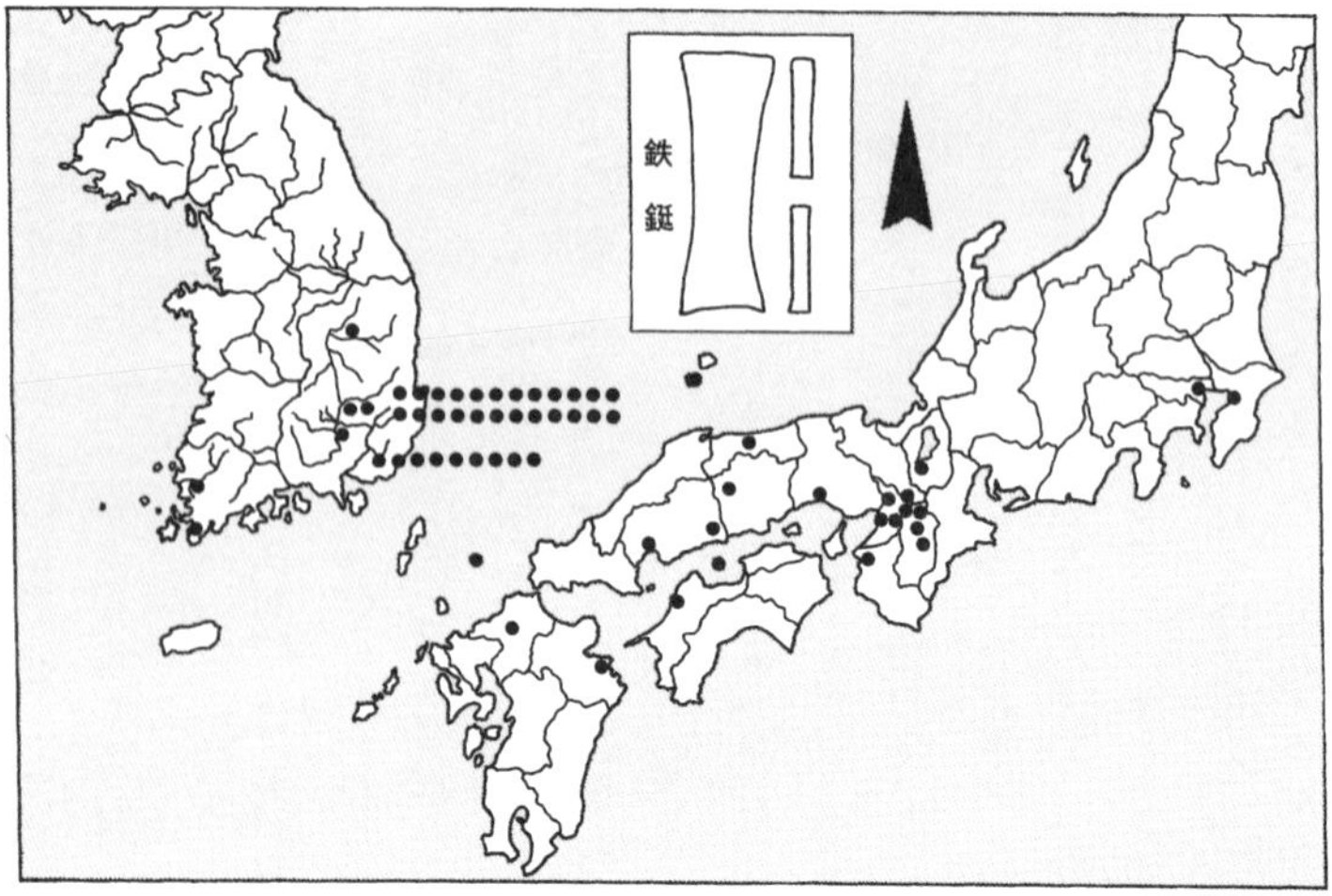

鉄鋌の出土地と出土量

短冊《たんざく》形をした鉄の板が古墳の出土品にあります。考古学では「鉄鋌《てってい》」と呼んでいます。日本読みをすれば「ねりがね」となります。鉄製品の材料となるものでして、広く流通していたようです。日本の古墳でも、たとえば奈良市のウワナベ古墳の陪塚《ばいちょう》大和六号墳のように多量に見つかるものがあります。

鉄鋌は、韓国の慶州《キョンジュ》、新羅の王都が置かれた慶州ですね、ここや伽耶地域の古墳からも多く発見されますし、慶州では最近、製鉄遺跡も発見されています。

この鉄の板、鉄鋌は大小二種類あるのですが、規格があります。重量をはかりますと、二二グラムを最小単位としていて、その倍数で重量が決まっているようです。二二グラムという数値は、今の我々には中途半端な気がしますが、古代の度《ど》量衡《りょうこう》の数値に合います。私も実は昔の度量衡にはなじみがありまして、子供の頃にはよく「パン一斤《きん》買ってきて」などと母親に頼まれたものです。この一斤が古代では二二〇グラムに当たります。ですから、その一斤の一〇分の一を単位とした規格的な鉄板が流通していたことになるわけです。

このことがたいへん大事でして、鉄鋌を安全に確保しなければ、当時の日本列島は、現代の日本がオイルショックで干上《ひあ》がったように、鉄で干上がってしまうことになるわけです。ですから、三世紀から五世紀の日本列島では、鉄を安全に確保できた人物こそが権力に近づくことができた、そういえることになります。

五世紀に、倭の五王が中国の南朝に使を派遣したと中国の史書に出てきます。すなわち、讃《さん》・珍《ちん》・済《せい》・興《こう》・武《ぶ》という倭の五人の王が、朝鮮半島での倭の支配権を認めてくれるように、中国に使者を送っているのです。この倭の五王の中国への朝貢《ちょうこう》についての経済的動機は、朝鮮半島での鉄資源確保にあるものと私は見ています。

ところが五世紀の後半から六世紀になると、朝鮮半島でも百済とか新羅の体制が充実してきて、力を持ち始めます。そして、以前から朝鮮半島の南部に進出している倭人に圧迫を加えるようになります。圧迫を加えるという表現は少しおかしいですね。もともと圧迫していたのは倭の方でしょうから。そして、朝鮮半島での倭の力は少しずつ後退を始めます。このときがちょうど六世紀の前半、すなわち継体朝という時代に当るわけです。

六世紀の世界

今日、ここにご来場の皆さんは考古学や古代史に詳しい方ばかりと思いますが、私などが古墳の発掘をしておりますと、「先生、この古墳はいつのものですか」と聞かれることがあります。その時に、六世紀前半だとか五世紀後半だとか説明しても、なかなかすぐには納得してもらえないようです。ですから「聖徳太子《しょうとくたいし》より何年前ですよ」と説明すると、何とか理解していただける、そういうことがときどきあります。

聖徳太子が推古《すいこ》天皇の摂政《せっしょう》となったのが西暦五九三年ですから、継体大王が弟国宮や筒城宮に本拠をかまえていたのは、それより七〇年程前ですね。また四天王寺が建立されるより八〇年程前と考えていただければよいかと思います。

では、継体王朝の時代、世界はどのようだったのでしょうか。

中国では西暦五八九年に隋《ずい》が全国を統一していますね。それまでは五胡十六国《ごこじゅうろっこく》という時代で、中国全土で戦争が行われていました。

西暦五七〇年にはマホメットが誕生しています。西アジアのイスラム世界のことです。ササン朝ペルシアという言葉をご存じだと思います。ちょうどマホメットが誕生するより少し前、それが継体朝の時代に当ります。

ずっと西のヨーロッパに行きますと、ゲルマン民族のフランク王国が四八六年に統一を成しとげています。ですから、四世紀頃からゲルマン民族の大移動が始まって、ヨーロッパのあちこちで国家が成立し始めてきた、ちょうどその時期に当ります。

このように考えてみますと、世界各地での国家の形成というものは、倭すなわち日本列島だけではなくて、朝鮮半島や中国そしてヨーロッパでも同じように六世紀前後に起こっている。そういう時代だということです。

六世紀の倭

私の専門分野ではないことを話したので肩がこってきましたが、次に考古学の話をしたいと思います。

「継体朝の時代」、すなわち六世紀の前半を考古学の方からみますと、古墳時代後期という時代に当ります。すなわち、古墳時代の終盤に当る時代です。古墳時代後期に特徴的な現象として、古墳に横穴式石室《よこあなしきせきしつ》が採用され始めます。埋葬する部屋と横の入口をもった石室ですね。それ以前のものは竪穴式石室《たてあなしきせきしつ》にしろ他のものにしろ、古墳の頂部から穴を掘って棺を納め埋葬した部屋を密封してしまうものでした。

それから、それまでは大きな前方後円墳が古墳の中心でしたが、六世紀頃からは直径一〇メートル程の円墳が一カ所に多数造られ始めます。古墳時代後期の群集墳と呼ばれるものです。

また、この時代は全国で水田開発が積極的に行われた時代でもあります。弥生時代では、この宇治周辺でも木津川ぞいの沖積平野が開発されていました。六世紀になるともっと高い所、今まで開発がなかなかできなかった場所に水路を掘って開発が進められていく。そういう時代です。京都市でいえば、太秦広隆寺《うずまさこうりゅうじ》のある嵯峨野《さがの》が開発され、嵯峨野古墳群ができてくるのがこの六世紀に当ります。

民衆の生活レベルをみますと、それまで炉を使って生活していたのが、五世紀の中頃からカマドを使うようになる。生活様式が大きく変化していきます。

それから土器では、土師器《はじき》ばかりではなく須恵器《すえき》が民衆の中でも使われるようになってくる。生活水準が急速に上向いてきた、そういう時代だといえます。

なぜ首長墓は移動するか

では、このような時代背景の中で、「なぜ首長墓は移動するか」といった大きなテーマを考えるとき、手がかりとして何が最も良いかということになりますが、「王権」というものは政治の話でありますので、古墳、それも地域を代表する大きな古墳の移動がヒントを与えてくれます。

「畿内大型古墳編年図」（『全国古墳編年集成』雄山閣、一九九九年所収）には大王陵級の古墳を含む主要古墳が地域別に編年されています。これを見ますと、各地域とも古墳時代を通じてずっと大型古墳が造られ続けるわけではない、そういうことが解りますね。たとえば四世紀段階では、大和《やまと》の大和《おおやまと》・柳本《やなぎもと》古墳群（天理市）で集中して大型古墳が造られますが、五世紀になると、河内《かわち》の古市《ふるいち》古墳群（羽曳野市）や和泉《いずみ》の百舌鳥《もず》古墳群（堺市）に大型古墳が集中するようになります。

このような移動現象は単に中央の大王墓だけではなくて、地方にもあります。たとえばこの京都でも同じです。京都、すなわち山城国での古墳編年を示したのが次頁の図です。たとえば木津川流域の南山城地方を見ますと、四世紀には上狛《かみこま》に椿井大塚山《つばいおおつかやま》古墳が造られます。この古墳は全長一八〇メートルもあり、俗に「卑弥呼《ひみこ》の鏡」と呼ばれる三角縁神獣鏡《さんかくぶちしんじゅうきょう》をたくさん出土しています。ですから、四世紀初めの当地方の王は上狛あたりにいた、そう言えるわけです。しかし、あとは続かない。そして五世紀になると宇治市の隣りの城陽市に久津川車塚《くつかわくるまづか》古墳などの大きな古墳が造られる、そういう移動があります。

同様なことは北山城地方でもありまして、四世紀では向日《むこう》市で比較的大きな古墳が代々造られていましたが、五世紀では続かない。そして向日市の南隣りの長岡京市で大きな古墳、恵解山《いげのやま》古墳がその代表ですが、そういうものが造られるわけです。

このような現象は、今お話ししたような所ばかりではなくて、全国各地で認められます。この現象の説明として、ある先生は「輪番制」を考えておられます。どういうことかといいますと、有力者がその地域ごとに王を持ち回りした、そういう説明です。今なら町内会で門口に組長という札をかけて、「今月は都出さんの当番ですよ」、これが持ち回りですね。

しかし、全国の有力古墳の移動期がてんでバラバラであったのならば、持ち回り制と解釈してもよいのですが、そうではない。この移動時期が全国的に重なる場合が何回かあるのです。その第一回目が四世紀終りから五世紀の初め、第二回目が五世紀の後半から終り、第三回目が六世

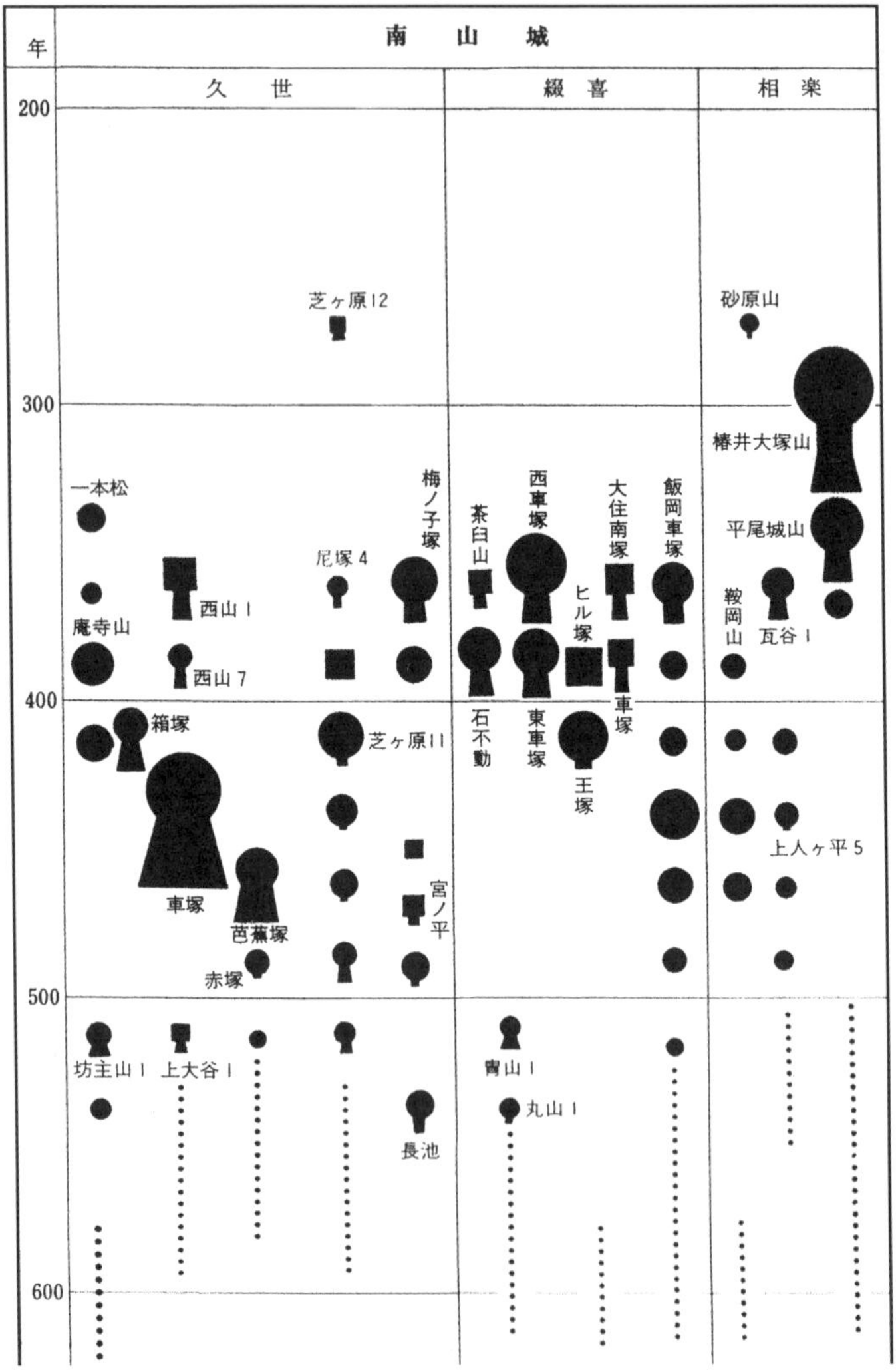

畿内大型古墳編年図（部分）
（石野博信『全国古墳編年集成』雄山閣、1995より転載）

紀の前半でして、この三回目が今日のテーマの継体大王の時代になるわけです。移動と移動の間には、首長の墓が代々同じ地で築かれるわけで、それを首長系譜と私達はよんでいます。この問題は後に討論でも取り上げてみたいのですが、全国でもそれぞれの時期で首長系譜の断絶が多く認められるわけです。

たとえば岡山県を中心とする吉備《きび》地方では、備中《びっちゅう》に全長三六〇メートルの造山《ぞうざん》古墳・全長二八六メートルの作山《さくざん》古墳（総社市）という大型前方後円墳が五世紀に造られます。これらは畿内の伝応神陵古墳や伝仁徳陵古墳などと古墳の形が近いものです。ですから、五世紀中頃の大王と密接な関係をもっていた吉備の大首長だと考えてよいわけです。ですけれども、備中では大型前方後円墳は五世紀の後半には続いていかない。五世紀後半では、東の備前《びぜん》に山陽町という町がありますが、ここに両宮山《りょうぐうざん》古墳という全長一九〇メートル程の大前方後円墳が造られて、吉備のトップの首長系譜はこちらへと移っている。

関東の方を見てみましょう。群馬県太田市に太田天神山《おおたてんじんやま》古墳という全長二一〇メートルの大前方後円墳がありますが、この古墳も吉備で見たのと同じように、五世紀中頃の大王墓とその形はたいへんよく似ており、そして石棺も畿内と共通しているのですが、この地域も五世紀後半へと続くものを持ちません。五世紀後半になると、トップの首長権は群馬西部へ移っています。

このように見てみますと、地方のトップクラスの首長権の移動と畿内の大王墓の動向が連動している、そういえることになります。これが今日のテーマを考えるうえで、たいへん重要な視点

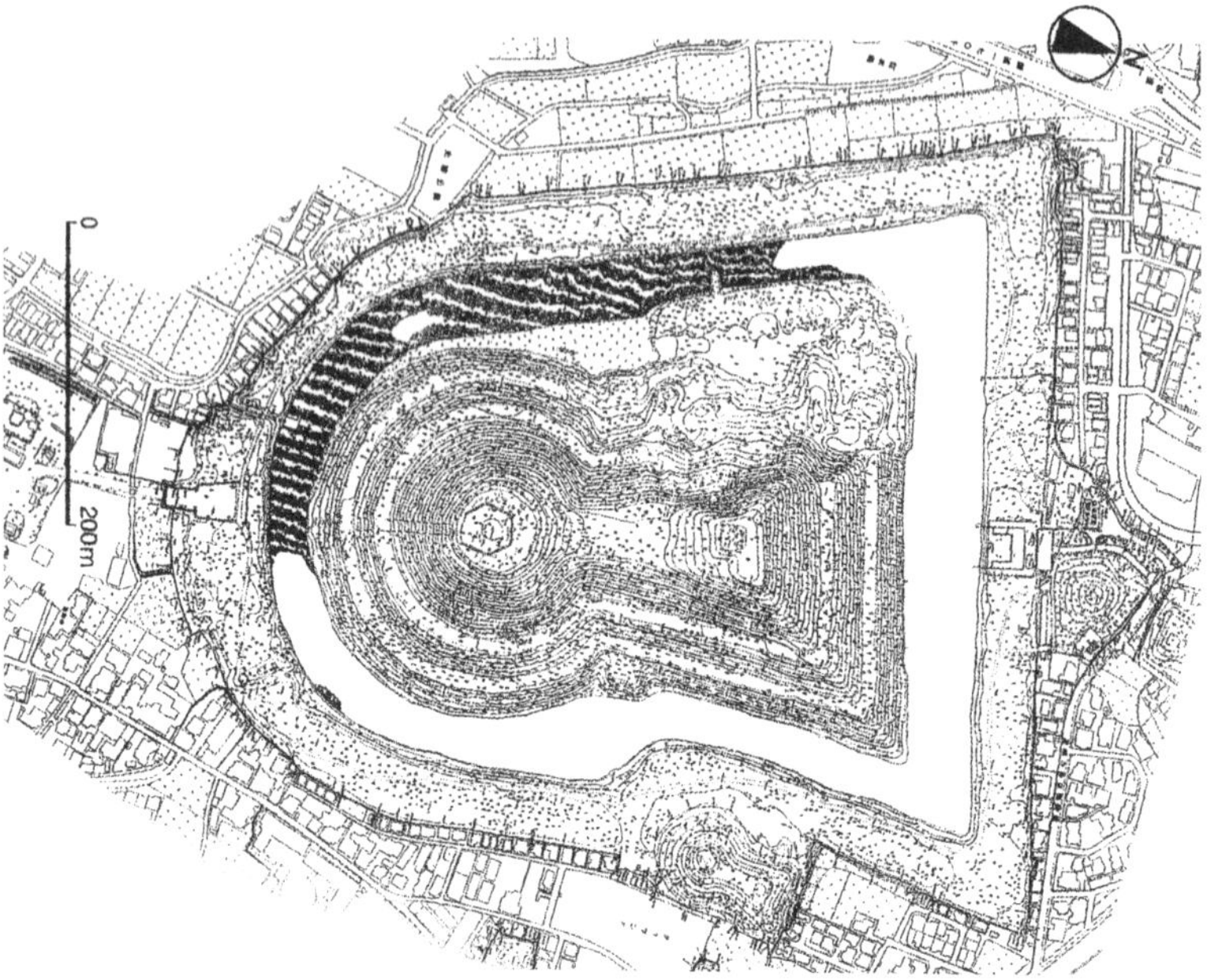

応神天皇陵（誉田御廟山古墳　図版提供、宮内庁書陵部）

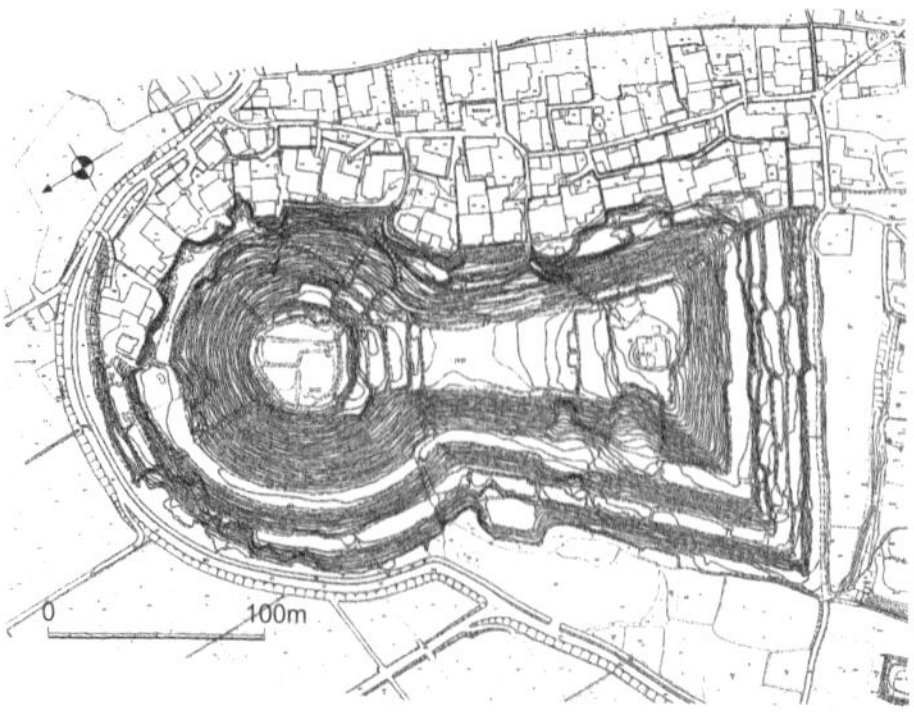

造山古墳（図版提供、考古学研究会）

となります。

継体登場の背景

五世紀前半から中頃にかけて、淀川流域の首長は、応神・仁徳の王統とたいへん密接な関係を持っていたと思います。久津川車塚古墳もそうだし、長岡京市の恵解山古墳もそうです。それが五世紀後半の雄略《ゆうりゃく》朝になると、徹底的に圧迫が加えられる。だから、それに続く大型前方後円墳を造ることができない。しかし、六世紀前半になると復権している。淀川流域の高槻市に今城《いましろ》塚《づか》古墳という全長一九〇メートルの大前方後円墳が造られる。そして宇治に二子塚古墳という六世紀では京都最大の前方後円墳が造られる。二子塚古墳は宇治市の杉本さんや荒川さんの調査で今城塚古墳とたいへん関係深い形をもつことが判明しています。

この淀川流域の首長たちは、五世紀前半・中頃に応神・仁徳王統を支えた、有力首長の一員であった。それが雄略の時代に弾圧を受ける。淀川流域の首長たちには大きな不満が蓄積されますね。この中でこの不満が鬱積《うっせき》した淀川流域の首長たちを母体に、継体大王が登場してくるわけです。ただし、継体のバックは淀川流域だけではありません。淀川流域の首長達が近江《おうみ》や、越前《えちぜん》などの北陸、そして尾張《おわり》、東国の首長たちと関係を深めて、その力を結集した中で、継体大王は政権の中枢を掌握していった、そう考えるわけです。

継体期の性格

継体朝については、前王朝とはまったく別の王朝が始まるんだ、あるいは、ここから古代国家形成の新しい波が始まるのだ、そういう考え方が有力ですが、五世紀後半と比較して考えると、そうではないと私は思うのです。

五世紀後半の段階、文献史学がいう「雄略朝」の時代というのは、たとえば埼玉県埼玉稲荷山《さいたまいなりやま》古墳出土の鉄剣銘に登場する「ヲワケノオミ」や熊本県菊水町江田船山《えだふなやま》古墳出土の鉄剣銘の「ムリテ」に代表されるように、北は東北南部から南は九州中部まで、中央の主導権が地方におよんで、地方の首長が中央に出仕しています。支配機構についても整備がはかられています。大阪市の法円坂《ほうえんざか》遺跡では巨大な倉庫群が見つかりましたし、軍事組織でも大きな変化が認められます。このように見てくると、雄略期は古代国家形成へ大きく歩みを進めた時期と考えます。さらに対外政策でも雄略は、倭の五王の武として中国の南朝に上表文を出して、朝鮮半島に対する強い支配権を要求しています。しかしこの雄略の政策は、かなり急進的で、その結果するどい対立が生じました。磐井の乱もこの延長上のものです。雄略は畿内では応神・仁徳王統に関係した首長に圧迫を加えましたし、全国の大首長にも圧迫を加えている。これの反動が雄略の死後、出てくる。

継体朝は雄略期から始まって古代国家への急進的な動きをゆるやかな動きにかえて国家形成への道すじを引きついだと私は考えています。急進的であったために生じた雄略期のはげしい対立を中和しながら、朝鮮半島への出兵を計画し、日本書紀にも記されているように、軍事組織等国家としての支配機構を整備し、朝鮮半島に一三基の古墳を築かせる程の影響を与えました。私は、筑紫の磐井の挙兵も、雄略の血筋を継いでいない継体の登場も、余りにも急進的であった雄略のあとの一時的な反動として考えたい。

したがって、継体の子供の欽明《きんめい》大王やその後の大王の時代、六世紀後半から七世紀前半頃ですが、この時代になって更に古代国家へと進んでいくのだ、そう考えているわけです。

おわりに

古墳時代と成熟した国家の違い

石器時代、縄文時代、弥生時代には国家は生まれていない。でも国家の誕生は何をもって証明できるのであろうか。国家は権力を持つので、権力を示す特別な建物や墓を造る。弥生時代まではそのような痕跡がないので国家権力は誕生していないとわかる。

しかし七一〇年、日本には律令制の古代国家が生まれた。では弥生時代以降の三世紀後半から律令制国家の誕生までの四五〇年間に、日本社会には何が起きたのだろうか。ヨーロッパの研究者は、国家誕生直前のこの時代が、社会構造が急激に変化する重要な時代と気づき、この時代に「初期国家」の名前を与えた。日本における初期国家は古墳時代に当たると提唱した私は、この視点を持って古墳時代の研究を進めてきた。

弥生時代は基本的には平等な社会で、リーダーも一般住民も共同墓地に埋葬されたが、実は弥生時代中期になると、リーダー達は共同墓地を離れ、自分たち一族だけの立派な墓を作り始めていた。

しかし弥生時代には中央権力が生まれておらず、それぞれ独立した地方権力があるだけで、そのためリーダーは一定程度住民の意思を代表しており、支配者ではなくリーダーであった。弥生時代終末、リーダー達は勢力拡大で争うが、邪馬台国の卑弥呼を王に擁立して争いを収めた。

邪馬台国の卑弥呼が没した時、王の巨大な墓、前方後円墳が築かれた。古墳は出現した当初から巨大な墳丘を持っていた。たとえば最も古い古墳の一つ奈良県の箸墓古墳は全長二八〇メートルで、弥生時代最大の墓、岡山県楯築墳丘墓の百倍もの体積を持っており、指導者の墓が突然巨大化したことは、古墳時代が弥生時代とは異なる階級的な社会体制に入ったことを示している。

墓の階層化は一般住民の間にまで及んだ。弥生時代は、掘りくぼめて遺体を埋めるだけの貧しい土壙墓でも、他の住民と一緒に共同墓地に葬られ、多くの場合土器などの副葬品が見つかるが、古墳時代になると膨大な数の農民が、土壙墓に葬られ、七〇〇体にもなる土壙墓だけで埋め尽くされた墓地もあり、ここでは副葬品はまずない。

また居住地にも大きな変化が生じた。弥生時代中期には、堀に囲まれた環濠集落にリーダーと農民が共に住んだが、古墳時代になるとすべての首長が環濠集落を出て、自分だけの巨大な館を構えるようになる。自らを守るために館の周りを濠で取り囲むが、群馬県の三ツ寺遺跡では濠の幅はなんと四〇メートルにもなる。このような大きな格差の発生は税の収奪を示しており、国家誕生を示唆する。

国家成立の条件としては、この租税に加えて徭役、官僚、軍事力がある。

徭役は、農民に厳しい労働を強制する制度である。大阪の法円坂遺跡の倉庫は一〇メートル×

一〇メートルの倉庫が八棟も並ぶ。この倉庫は個人の力では建てられない規模であり、倉庫に収納する米も個人では到底不可能な収穫量で、巨大倉庫自体が徭役の存在を示している。また大阪の用水路である古市大溝は、幅八メートル深さ四メートルの濠がなんと一〇キロメートルにもわたって続いている。また仁徳陵の上には二万個以上の埴輪とトラック数千台分の葺石が運ばれたが，これらはすべて農民の徭役によるものだろう。

次に官僚だが、中央権力が生まれ膨大な人々を支配するようになると、社会全体を効率よく合理的に動かすための専門集団がどうしても必要になるが、その専門集団が官僚である。埼玉県稲荷山古墳出土の鉄剣の銘文は、自分の家系が、何代にもわたって武人として王家に仕えたと記しており、熊本県の江田船山古墳出土の大刀の銘文には「典曹人」と記されている。この銘文によっても雄略大王の段階で、武官である杖刀人や文官である典曹人のような官僚の存在が明らかになった。

杖刀人とは大王や天皇の身辺を守る親衛隊で、この銘文は雄略が活躍した五世紀後半に、専門の軍事を扱う官僚的な組織があったことを示す。また卑弥呼は朝鮮半島や中国に使節を派遣しており、倭の五王は五世紀初頭からひんぱんに中国に使節を派遣した。すると外交文書の作成・管理など外交を専門にする官僚制は不可欠である。また法円坂の巨大倉庫は公的な倉庫であり、品物の計画的な搬入・分類・保存・搬出など、倉庫の管理に当たる専門家、官人の存在なしにはすでに運営できなかったであろう。

墓の階層化、首長居館の出現による居住地の階層化、徭役・官僚・親衛隊の出現、これらは古墳時代が社会的階層化に突き進んだ激変の時代であること、国家形成へと大きく進んだ時代であることを物語っている。

さらに古墳時代の中央権力は、雄略大王の五世紀後半、南は鹿児島県から北は岩手県まで支配領域を拡大し、中央権力の軍事力を高め、地方権力の力をそいでゆく。中央権力に反抗する巨大地方権力の吉備・毛野・筑紫を打ち負かし、前方後円墳の祭祀イデオロギーを確立して飛躍し、対外的にも積極的に朝鮮半島に打って出た。これらのことから、雄略の時期に租税制・官人制・軍事制が整備され、成熟した国家に近づいたことがわかる。

雄略の直後の継体の時代には、朝鮮半島に一三基の前方後円墳が出現し、日本の力は朝鮮半島にまで及んだことがわかる。しかし古墳時代の中央権力は、地方権力を完全に掌握するまでの力をまだ獲得していなかった。

たとえば権力を飛躍的に高めた雄略の後でさえ、中央権力に刃向った磐井の乱が起きた。その上中央権力は磐井を鎮圧したにもかかわらず、地方権力集団の力に押されて、磐井の後継者である息子を赦免するほかなかった。また反逆者である磐井の墓、岩戸山古墳は九州最大規模の古墳となった。つまり古墳時代の中央権力は地方首長連合がもつ地方権力を無視する事はまだできなかったのである。

五世紀後半に権力の比重が中央に大きく移ったのは確かだが、それは中央と地方の持つ権力の割合が変化したのであって、労働力や軍事力を、地方権力に依存しているという中央政権の基本的性格は変わらなかった。

さて初期国家は、何百年という長い時間をかけてその土地にふさわしい組織に成長するから、世界の初期国家はそれぞれ個性を持っている。日本の初期国家も個性を持っており、ヨーロッパや東アジアの初期国家とかなりの違いがある。権力集中の弱い日本の初期国家のこの個性を私は前方後円墳体制と名付けた。

たとえば初期の前方後方墳、京都の元稲荷古墳が全長九二メートルであるのに対し、初期の前方後円墳、箸墓古墳は二八〇メートルと格段に大きく、出現の時点で前方後円墳が優位に立っている。しかし古墳時代の後円墳と後方墳は共通の尺度を使用しており、そのうえ規模の差はあっても、後円・後方と前方部との長さの割合は、同じに設計されている。

つまり弥生時代終末期には両者が互角にせめぎあう関係にあったのに対し、古墳時代に入ると、後円墳は規模で後方墳をしのぎ、古墳の尺度や設計でも相手を自分の流儀に従わせる関係になっており、両者の関係には大きな変化が生まれている。しかし前方後円墳の葬制を持つ中央権力は前方後方墳の葬制を持つ集団をつぶさず受け入れ、後方墳は減少はするがそのまま作り続けられる。

エジプトの初期国家で築かれたピラミッドも、中国の初期国家の、地下一〇メートルから二〇メートルにも掘られた地下墓も、王にだけ許された墓の形で、臣下の墓は全く異なった形の墓で規模は格段に小さい。

ところが日本の初期国家では、王墓と同じ形の前方後円墳が全土に数多く築かれ、王だけの特別な墓の形は生まれなかった。一方前方後円墳だけではなく前方後方墳をも許容した。また吉備地方の造山古墳は三四〇メートルもあり王墓をしのいでいる。権力の集中が不十分であったためにこのような状況が生まれたのだが、この「前方後円墳体制」は非常にユニークな日本の初期国家の個性といえる。

では初期国家のこの日本的特質はなぜ生まれたのであろう。

海に囲まれているといった日本の地理的条件も関係していると思うが、日本的特質が生まれた大きな理由の一つは米作りである。急流の河川をもつ日本の稲作は、水を管理する非常に高度な灌漑技術が必要で、首長は高度な土木技術を身に着け、住民を組織して日本の河川を制御し、生産量を大きく伸ばした。その経験が首長の中に受け継がれており、農民と固く結びついて共同体を支配する首長たちの力は大きく、大王の力は相対的に低くなるので前方後円墳体制につながったと思う。

小ムギ・大ムギは水の管理を必要としないから、ヨーロッパでは高度な灌漑技術は必要なく、首長の経験の必要性は日本に比べて相対的に低くなる。首長の持つ権力の研究では、日本の首長の権力はヨーロッパの首長の権力より大きいことが明らかになっている。

古墳時代が、国家としての条件を一定程度獲得していることを今まで述べてきたが、初期国家である古墳時代は、律令制国家と基本的には同じではないかと疑問を持つ人もいるかと思う。初期国家の古墳時代と成熟国家の律令制国家の最も基本的な違いはなんであろうか。

古墳時代は、地方権力をもつ有力首長が一定の広さの土地と住民を直接支配し、中央政権は各地の有力首長を統括するという形で土地と住民を支配したので、その支配は間接的なものにとどまった。これに対し成熟した律令制国家では、すべての土地と住民を国家が直接掌握し、住民一人一人の戸籍を作り租税を住民から直接集め、国家が土地と住民を直接支配する成熟した国家となった。

このように考えると、古墳時代と律令制国家を合わせて日本古代国家とし、古墳時代は古代国家の前半段階であり、律令制国家はその後半段階と考えることができる。

あとがき

私は京都大学、滋賀大学、大阪大学の三つの大学で働いた。三七年間の勤務生活の様々なできごとが頭をよぎるが、大阪大学在職中でどうしても忘れられないのは、大阪大学考古学講座の開設と、くも膜下出血を患ったことである。

大阪大学赴任の頃

私は三七歳で大阪大学文学部に赴任した。当時大阪大学にはまだ考古学の講座がなかった。故黒田俊雄先生は阪大に考古学講座を開設したいという目標をもっておられた。それで考古学の私を阪大にとるにあたって考古学講座がないから、まず国史学によぶことを考えられた。黒田先生は『日本史研究』に掲載された私の論文を紹介し都出は文献史もできるからということで、国史研究室の日本思想史講座の助教授に私を採用してくださった。一九七九年のことである。もちろん国史の先生方の全面的な協力があった。

二年ぐらいで考古学ができるだろうという黒田先生の言葉を信じて赴任したのだが、一向に実現しなかった。

地理学講座の方を早く開設すべきだという意見が出るのを、赴任して早々、史学科の会議で聞いて仰天した。開設は考古学が先か地理が先かで激論を何度か重ねたことが思い出される。

黒田先生の必死の努力と、国史のすべての先生方の後押しにもかかわらず、考古学講座開設の光はみえてこなかった。

当時、政府は大学での新しい講座開設はしないという方針を出していたので、その中での開設は多くの困難がともなった。

大阪大学埋蔵文化財調査室の開設

大阪大学は広大な待兼山丘陵上に位置しているが、この丘陵では、旧石器時代から江戸時代に至るまで連綿と人間が生活しており、その活動の痕跡が遺跡群として残されている。そのため阪大の豊中キャンパス一帯は「待兼山遺跡」として国の遺跡台帳にも登録されている。建設工事などの際には文化財保護法によって事前の遺跡調査が義務づけられているが、工事が続く大阪大学で、構内の遺跡をどのように調査するかは考古学研究室の将来にかかわる重大な問題であった。都出一人でその膨大な調査を担当することは到底不可能なこと、大阪大学埋蔵文化財調査室の設置がどうしても必要なことを一年かけて上層部に訴え理解してもらった。一九八五年に埋蔵文化財調査室の設置が実現した。私の赴任後六年目のことである。調査室の手がけた第一回目の調査は理学部の施設建設にともなうものであった。調査室開設二〇年、私の退職時で試掘調査や立ち会い調査によって約四〇箇所に遺跡の存在を確認している。

この文化財調査室のスタッフは福永伸哉氏、杉井　健氏、清家　章氏、寺前直人氏、中久保辰夫氏と次々に引き継がれた。

考古学講座の開設

考古学講座の開設の話にもどるが、開設のめどであった私の赴任後の二年がすぎても、開設へのきざしが一向に見えてこないので、三年目からは開設のために自分からも動き始めた。まず日本考古学協会に働きかけ「大学における考古学の研究・教育の拡充を要望する」という決議をしてもらった。

次に大阪府にも働きかけた。当時大阪府の知事は岸　昌知事であったが、黒田先生と私とで副知事を訪ねて考古学開設の要望をした。かつて大阪大学学長であった大阪府教育委員会委員長若槻哲雄氏にも直接訪れて要望書を手渡した。

このような様々な努力が実を結び、大阪府は阪大の考古学講座開設に向けて積極的に行動を開始した。大阪府は一九八七年七月、「大阪大学文学部における「考古学講座」開設に関する要望」を文部大臣、文部省ほか六〇箇所あてに提出した。その要望の内容は、「文化財に関する専門家の育成・確保を図るには、既に歴史学研究にすぐれた実績を有する大阪大学文学部に「考古学講座」を設置することが極めて有意義であるので、今日の厳しい国家財政の状況下ではあるが、その実現方について格段の措置を講じられるよう強く要望する」というものであった。

これを受けて、大阪大学文学部では、考古学開設の目的を明文化し、「考古学講座」を設置すべく急速に動き始めた。文学部では、「遺物・遺跡などの考古資料を分析して、人類史の諸側面を明らかにする。文字のない古い時代のみならず、古代・中世・近世など文献記録のある時代の解明をも行う。世界的視野にたった研究をめざすが、同時に大阪を中心とする地域史的観点をも重視して研究する」という文を作成して各方面に働きかけた。

その後も多くの紆余曲折があった。一九八八年四月考古学講座がようやく開設された。私の赴任から九年目のことであった。「みなさまには御清祥のことと存じます。さて、一九八八年四月に大阪大学文学部に考古学講座が開設され、しばらくは国史研究室に同居しておりましたが、このほど新しく考古学研究室が左記のとおり設けられましたのでご案内申し上げます」という「考古学研究室開設のごあいさつ」を考古学関係者に配った。

考古学講座が開設されると、他の専攻から考古学専攻に多くの学生が移ってきた。国史、西洋史、東洋史からの移動だった。他の先生から「考古学は希望者が多い」といわれた。嬉しかった。一九八八年の考古学講座開設当時、教員としては助教授の都出比呂志と埋蔵文化財調査室助手の福永伸哉氏がいた。大学院生は五人、学部生は九人での出発であった。

ついた予算で、すぐに器材をそろえ、備品を買い、発掘の用意を調えた。無我夢中だったが、あの頃は一番充実していた。必死で講義、実習、演習をした。私が困ったのは、考古学の講義も、実習も、演習もすべて一人で担わなければならないことだった。もう一人のスタッフを確保することが次の大きな仕事であった。先述したが、政府は大学での講座の新設はしないこと、大学のポストの削減の方針をだしていたから、考古学のポストを増やすということは他の講座の今あるポストをもらうということであり、精神的にも非常に苦しいことであった。どこのポストをもらうかということで回を重ねた話し合いがもたれ、国史のポストをいただく事にきまったときは嬉しかったが、国史学講座のことを思うと両手を挙げて喜ぶことはできなかった。国史の先生方にはお世話になった。こうして考古学開設から六年、私の着任から一五年かかって助教授のポストが確保できた。助教授のポストには福永伸哉氏に就任してもらった。福永氏の後、高橋照彦氏が着任したが、各人が個性的な新しい風を入れることで研究室の幅は更に広がって発展してきたと思う。

考古学の学生・院生はよく頑張った。考古学専攻生は研究でももちろん鍛えられたが、発掘の共同合宿では他の専攻生が得られない多くのことを学んだと思う。

考古学の卒業生は総計二三〇名で、大学院進学者、企業人、研究機関スタッフ、学芸員、教員、公務員、家事従事者などとして、どの分野でも大いに活躍している。

小林文庫の開設

小林文庫の開設も思い出深いことである。私の尊敬する小林行雄先生が一九八九年に亡くなられた。先生の書籍が散逸する前に何らかの形で保存したいと思っていたが、資金の工面がつかなかった。亡くなられて二年後に、「日本古代の葬制と社会関係の基礎的研究」の科学研究費の中から先生の蔵書を購入できることになった。この購入にあたっては多くの方の御好意をいただいた。また本の整理にあたった柴田友子さん、院生・学生の協力なしには文庫の開設はできなかった。二〇〇五年に小林行雄文庫として、教育研究に活用できるようになったのは嬉しい。

考古学講座の開設以後調査した主な遺跡

考古学講座の開設以後調査した主な遺跡としては、長法寺南原古墳、鳥居前古墳、雪野山古墳、桜井谷窯跡群、昼飯大塚古墳、井ノ内稲荷塚古墳、井ノ内車塚古墳、今里大塚古墳、勝福寺古墳、篠窯跡群、長尾山古墳群・万籟山古墳・八州嶺古墳、トルコ初期中世都市ビザンティン遺跡がある。『雪野山古墳の研究』で第六回雄山閣考古学特別賞を受けたことは喜ばしい。

病を経て

五七歳の時、くも膜下出血におそわれた。

病院の先生と妻と子供の介護にたすけられて、命をとりとめた。一生話せないと医師にはいわれた。発病から三ヵ月間のことは記憶にない。

子供の名前も「都出比呂志」の文字すら記憶を失った。「あいうえお」から学習し始めた。一＋一＝二から始めた。「奥さんの顔もわからないと思った」と医師はいったが、おかげさまであの、こわい妻の顔は充分にわかる。口びるも舌ものども自分の意志では動かなかった。口を開けようとしても開かなかった。口から音が出たのは発病後、五ヵ月ほどたってからであった。今もしゃべることがとても難しい。

そのうち回復すると思っていたが、いつまでたっても回復しないことに愕然となった。現在も、音読したり、文をまとめたり、思考したり、体を鍛えたりしてリハビリを続けている。

病にたおれてからの五年間半は、苦闘の連続であった。文学部の先生には多大な迷惑をおかけした。学部長・評議員、事務職の方々には大変御世話になった。

特に考古学研究室の先生方には多大な負担を担って頂き申しわけなかったと思っている。福永伸哉氏、清家　章氏、高橋照彦氏、寺前直人氏、事務の柴田友子氏、神原美穂氏と院生・学生は私をはげまし、温かい気持ちで接して、私をささえてくれた。病の後、言葉が不自由な状況下で、条件を整え、講演・授業等の依頼で、私の生きる意欲を支えて下さった方々にも深く感謝している。職場はもちろん職場以外でも多くの方に助けていただき、病後の命は助け支えてくれた方々にいただいたものと私は思っている。

この本の出版に当っては、大阪大学考古学研究室教授・文学研究科長福永伸哉氏にお世話になった。大阪大学出版会編集部の大西愛氏には自宅に何度も足を運んでいただき、多くの適切な助言・指摘をいただいた。心からお礼申し上げたい。また、都出とし子氏には文章表現などで助言を受けた。深く感謝している。

都出比呂志（つで　ひろし）

1942 年　大阪市生まれ
1988 年　大阪大学教授
1989 年　浜田青陵賞受賞
大阪大学名誉教授

主要著書
『日本農耕社会の成立過程』岩波書店、1989 年
『古墳時代の王と民衆』（古代史復元 6）講談社、1989 年
『王陵の考古学』岩波新書、2000 年
『前方後円墳と社会』塙書房、2005 年
『古代国家はいつ成立したか』岩波新書、2011 年
「初期国家と古代国家」『待兼山考古学論集Ⅲ』大阪大学考古学友の会、2018 年
ほか

阪大リーブル 65

古墳時代に魅せられて

発 行 日　2018 年 12 月 18 日　初版第 1 刷発行
著　　者　都 出　比呂志
発 行 所　大阪大学出版会
代表者　三成賢次
〒 565-0871
吹田市山田丘 2-7　大阪大学ウエストフロント
電話 06-6877-1614（直通）　FAX 06-6877-1617
URL　http://www.osaka-up.or.jp
印刷・製本　尼崎印刷株式会社

ISBN 978-4-87259-447-8　C1320

031 夫源病 こんなアタシに誰がした 石蔵文信 著 定価 本体1300円+税

032 ああ、誰がシャガールを理解したでしょうか？ 二つの世界間を生き延びたイディッシュ文化の末裔 CD付 圀府寺司 編著 定価 本体2000円+税

033 懐徳堂 懐徳堂ゆかりの絵画 奥平俊六 編著 定価 本体2000円+税

034 試練と成熟 自己変容の哲学 中岡成文 著 定価 本体1900円+税

035 ひとり親家庭を支援するために その現実から支援策を学ぶ 神原文子 編著 定価 本体1900円+税

036 知財インテリジェンス 知識経済社会を生き抜く基本教養 玉井誠一郎 著 定価 本体2000円+税

037 幕末鼓笛隊 土着化する西洋音楽 奥中康人 著 定価 本体1900円+税

038 ヨーゼフ・ラスカと宝塚交響楽団 （付録CD「ヨーゼフ・ラスカの音楽」） 根岸一美 著 定価 本体2000円+税

039 上田秋成 絆としての文芸 飯倉洋一 著 定価 本体2000円+税

040 フランス児童文学のファンタジー 石澤小枝子・高岡厚子・竹田順子 著 定価 本体2200円+税

041 東アジア新世紀 リゾーム型システムの生成 河森正人 著 定価 本体1900円+税

042 芸術と脳 絵画と文学、時間と空間の脳科学 近藤寿人 編 定価 本体2200円+税

043 グローバル社会のコミュニティ防災 多文化共生のさきに 吉富志津代 著 定価 本体1700円+税

044 グローバルヒストリーと帝国 秋田茂・桃木至朗 編 定価 本体2100円+税

045 屏風をひらくとき どこからでも読める日本絵画史入門 奥平俊六 著 定価 本体2100円+税

046 アメリカ文化のサプリメント 多面国家のイメージと現実 森岡裕一 著 定価 本体2100円+税

047 ヘラクレスは繰り返し現われる 夢と不安のギリシア神話 内田次信 著 定価 本体1800円+税

048 アーカイブ・ボランティア 国内の被災地で、そして海外の難民資料を 大西愛 編 定価 本体1700円+税

049 サッカーボールひとつで社会を変える スポーツを通じた社会開発の現場から 岡田千あき 著 定価 本体2000円+税

050 女たちの満洲 多民族空間を生きて 生田美智子 編 定価 本体2100円+税

051 隕石でわかる宇宙惑星科学 松田准一 著 定価 本体1600円+税

052 むかしの家に学ぶ 登録文化財からの発信 畑田耕一 編著 定価 本体1600円+税

053 奇想天外だから史実 天神伝承を読み解く 髙島幸次 著 定価 本体1800円+税

054 とまどう男たち―生き方編 伊藤公雄・山中浩司 編著 定価 本体1600円+税

055 とまどう男たち―死に方編 大村英昭・山中浩司 編著 定価 本体1500円+税

056 グローバルヒストリーと戦争 秋田茂・桃木至朗 編著 定価 本体2300円+税

057 世阿弥を学び、世阿弥に学ぶ 大槻文藏監修 天野文雄 編集 定価 本体2300円+税

058 古代語の謎を解く II 蜂矢真郷 著 定価 本体2100円+税

059 地震・火山や生物でわかる地球の科学 松田准一 著 定価 本体1600円+税

060 こう読めば面白い！フランス流日本文学 ―子規から太宰まで― 柏木隆雄 著 定価 本体2100円+税